Ridolfino Venuti, James Forrester

A collection of some of the finest prospects in Italy

Ridolfino Venuti, James Forrester

A collection of some of the finest prospects in Italy

ISBN/EAN: 9783742834386

Manufactured in Europe, USA, Canada, Australia, Japa

Cover: Foto ©Thomas Meinert / pixelio.de

Manufactured and distributed by brebook publishing software (www.brebook.com)

Ridolfino Venuti, James Forrester

A collection of some of the finest prospects in Italy

A
Collection of some of the finest Prospects in
ITALY.

With short remarks on them, by Abbate R. Venuti Antiquarian to the Pope, and Fellow of the Royal Society of London.

Engraved by various celebrated Engravers at Rome.

Est locus, Hesperiam Graii cognomine dicunt :
Terra antiqua, potens armis atque ubere glebæ :
Oenotrii coluere viri ; nunc fama minores
Italiam dixisse, ducis de nomine, gentem.

Virg. Æn. L. I.

VOL. I.

LONDON,

Sold by J. NOURSE opposite *Catherine-street* in the *Strand*, Bookseller in ordinary to His Majesty.

MDCCLXII.

Virg. Georg. Lib. II.

Sed neque Medorum Sylvæ, ditissima terra,
Nec pulcher Ganges, atque auro turbidus Hermus,
Laudibus Italiæ certent: non Bactra, nec Indi,
Totaque thuriferis Panchaïa pinguis arenis.
Hæc loca non tauri spirantes naribus ignem
Invertere, satis immanis dentibus hydri:

But neither Median Woods, (a plenteous Land)
Fair Ganges, Hermus rolling Golden Sand,
Nor Bactria, nor the richer Indian Fields,
Nor all the Gummy Stores Arabia yields;
Nor any foreign Earth of greater name,
Can with sweet Italy contend in Fame.
No Bulls, whose Nostrils breath a living Flame,
Have turn'd our Turf, no Teeth of Serpents here

Nec galeis densisque virûm seges horruit hastis:
Sed gravidæ fruges, & Bacchi Massicus humor
Implevere; tenent oleæque, armentaque læta.
 Hinc bellator equus campo sese arduus infert:
Hinc albi, Clitumne, greges, & maxima taurus
Victima sæpe tuo persusi flumine sacro,
Romanos ad templa Deûm duxere triumphos.
Hic ver assiduum, atque alienis mensibus æstas.
Bis gravidæ pecudes; bis pomis utilis arbos.
At rabidæ tigres absunt, & sæva leonum
Semina: nec miseros fallunt aconita legentes:

Were sown, an armed Host, and Iron Crop to bear.
But fruitful Vines, and the fat Olives freight,
And Harvests heavy with their fruitful weight,
Adorn our Fields; and on the chearful Green,
The grazing Flocks and lowing Herds are seen.
The Warrior Horse, here bred, is taught to train,
There flows *Clitumnus* thro' the flow'ry Plain;
Whose Waves, for Triumphs after prosp'rous Wars,
The Victim Ox, and snowy Sheep prepares.
Perpetual Spring our happy Climate sees,
Twice breed the Cattle, and twice bear the Trees;
And Summer Suns recede by slow degrees.
 Our Land is from the rage of Tygers freed,
Nor nourishes the *Lyon*'s angry Seed;
Nor pois'nous Aconite is here produc'd,
Or grows unknown, or is, when known, refus'd.

Nec rapit immensos orbes per humum, neq; tanto
Squameus in spiram tractu se colligit anguis.

Adde tot egregias urbes, operúmq; laborem;
Tot congesta manu præruptis oppida saxis;
Fluminaque antiquos subter labentia muros.

An mare, quod suprà, memorem, quodq; alluit infrà?
Anne lacus tantos? te, Lari maxime; téque
Fluctibus & fremitu assurgens, Benace, marino?
An memorem portus, Lucrinoque addita claustra,
Atque indignatum magnis stridoribus æquor:
Julia qua ponto longè sonat unda refuso,
Tyrrhenúsque fretis immittitur æstus Avernis?

Nor in so vast a length our Serpents glide,
Or rais'd on such a spiry Volume ride.

Next add our Cities of Illustrious Name,
Their costly Labour and stupend'ous Frame:
Our Forts on steepy Hills, that far below
See wanton Streams, in winding Valleys flow.
Our twofold Seas, that washing either side,
A rich Recruit of Foreign Stores provide.
Our spacious Lakes; thee, Larius, first; and next
Benacus, with tempest'ous Billows vext.
Or shall I praise thy Ports, or mention make
Of the vast Mound, that binds the Lucrine Lake.
Or the disdainful Sea, that, shut from thence,
Roars round the Structure, and invades the Fence.
There, where secure the Julian Waters glide,
Or where Avernus Jaws admit the Tyrrhene Tyde.

(vi)

Hæc tædum argenti rivos, ærisque metalla
Ostendit venis, atque auro plurima fluxit.
Hæc genus acre virûm, Marsos pubemq; Sabellum,
Assuetumque malo Ligurem, Volscósque verutos
Extulit: hæc Decios, Marios, magnósq; Camillos,
Scipiadas duros bello: & te maxime Cæsar,
Qui nunc extremis Asiæ jam victor in oris
Imbellem avertis Romanis arcibus Indum.
Salve, magna parens frugum, Saturnia tellus.

Our Quarries deep in Earth, were fam'd of old,
For Veins of Silver, and for Ore of Gold.
Th' Inhabitants themselves, their Country grace;
Hence rose the *Marsian* and *Sabellian* Race:
Strong limb'd and stout, and to the Wars inclin'd,
And hard *Ligurians*, a laborious Kind.
And *Volscians* arm'd with Iron-headed Darts.
Besides an Off-spring of undaunted Hearts,
The *Decii*, *Marij*, great *Camillus* came
From hence, and greater *Scipio*'s double Name:
And mighty *Cæsar*, whose victorious Arms,
To farthest *Asia*, carry fierce Alarms:
Avert unwarlike *Indians* from his *Rome*;
Triumph abroad, secure our Peace at home.
Hail, sweet *Saturnian* Soil! of fruitful Grain
Great Parent, greater of Illustrious Men.

THE PREFACE.

These Views of several of the most beautiful and pleasant places in Italy, particularly such as have not been hitherto described by other travellers, are now first offered to the Public. The draughts were taken either from the public streets and roads, usually frequented by travellers, or from some celebrated place seen at a certain distance, and which every foreigner may have an opportunity of beholding.

The Learned are already furnished with several descriptions of Italy, such as those of *Biondo*, *Alberti*, *Magini*, and *Scotto*, of whole books there have been many Italian, Latin, and French editions. Many travellers also

PREFAZIONE.

Comparisco per la prima volta alla luce queste vedute di alcuni più vaghi, e amani luoghi dell' Italia, e di quelle particolarmente che da altri viaggiatori non sono state mai riportate. Sono queste belle, e vaghe vedute state disegnate o' dalle publiche strade, e camino che communemente si pratica dai viaggiatori, o' da qualche luogo celebre, che in qualche distanza si ritrova, che per altro ogni Forastiere non tralascia di vedere.

Molte descrizioni moderne dell' Italia girano per le mani degl' Eruditi, come del Biondo, dell' Alberti, del' Magini, dello Scotto, di cuj si sono fatte tante edizioni Italiane, Latine, e Francesi. Molti Viaggiatori hanno dato alle pu-

PREFACE.

Ces presentes Vuis de la plûpart des plus superbes & plus agréables places d'Italie, particuliérement de celles qui, jusqu'à présent, n'ont point été représentées par les autres voyageurs, sont à présent offertes au Public. Ces plans ont été tirés des ruës & grands chemins publics, ou de quelques places renommées que l'on apperçoit à certaine distance, & que les étrangers peuvent avoir occasion de remarquer.

Les Savans sont deja pourvû de plusieurs descriptions de l'Italie, telles que celles de *Biondo*, *Alberti*, *Magini*, & *Scotto*, dont on a fait plusieurs éditions Italiennes, Latines & Françoises. Plusieurs voyageurs, dont il seroit trop

A

have published an account of this country, whose names it would be tedious to recite: let it suffice just to mention among others *Misson, Reit, Mabillon,* and *Monsfaucon.* But the first have contented themselves with simply exhibiting topographical maps, and views of some of the most principal cities; the last have only given views of ancient and modern monuments, or scarce any thing more. We have thought proper therefore to take another course, and to produce a work of a different kind which may be agreable to travellers, and useful to the lovers of painting and design. Pleasing to the first, for being furnished with this performance on their travels, they may be induced to stop in order to contemplate on the exactness of the design, and the beauty of the prospect it represents: to the last it will be

blicbe stampe i loro viaggi, de' i quali lungo sarebbe il qui favellarne; bastandoci d' accennare Misson, Reit, Mabillon, Montfaucon, ed altri. Ma i primi si sono contentati di arricchire le loro stampe semplicemente di Carte Geografiche, o' di vedute delle principali Città del' Italia; i secondi di qualche veduta di monumenti antichi, e moderni, o' poco di piu. Noi abbiamo creduto di tenere una differente strada, e di produrre una nuova idea, che possa essere di piacere a i Viaggiatori e di utile a'chi ama la pittura, e il disegno: Dilettevole a i primi perchè trovandosi essi questo nostro Libro nelle mani nel loro viaggiare possono fermarsi qualche piccolo spazio di tempo a considerare la verità, l' amenità, e la bellezza; per i secondi potendone fare uso ne i loro disegni e nelle loro pitture; avan-

long de repeter ici les noms, ont aussi fait un récit de ce pays-là; qu'il suffise donc de mentionner *Misson, Reit, Mabillon* & *Monsfaucon.* Les prémiers se sont contenté de produire simplement des Cartes Géographiques, avec la vuë de quelques unes des plus principales villes; les seconds ont seulement donné une description des monumens anciens & modernes, & presque rien autre chose. Nous avons crû par cette raison là, qu'il étoit nécessaire de prendre une autre méthode, & de produire un ouvrage d'une différente espèce, lequel put être agréable aux voyageurs, & utile aux amateurs de la peinture & du dessein. En plaisant aux prémiers qui se trouvent fournis d'un ouvrage qui leur sert de guide, & les met à portée d'observer en peu de tems, l' exactitude du dessein & la beauté de l'objet qu'il représente, il peut

useful in their paintings, and designs, having ourselves had occasion to observe by frequent experience their fine effect.

Italy is known to be a very mountainous country, abounding with pleasing prospects, hills gradually rising or awfully abrupt, falls of water, and fountains, all which at once excite sensations both awful and pleasing. Such a country therefore must furnish an infinite number of charming views, at present however we have given but a small sample; should this attempt meet the approbation of the public, which we are induced to hope by several learned friends who first excited us to the undertaking, we shall continue at intervals to publish a similar volume as long as we find the public give them a favourable reception. We have given this volume in the English,

dove noi fatta l'esperienza in altrettanti quadri, che sono riesciti grazioji paefi, e vedute.

Non vi è dubbio che l'Italia è molto montuofa, e ricca di amene vedute, vaghe colline, grazioji colli, e ne i dirupi iflessi, e cadute di fiumi, e di fontane ni e un bel miflo d'orrido, e piacevole afjieme. Infinite certamente possono offere le belle vedute, che ricavare fi poffono da moltiffime parti dell' Italia: noi per adejjo non nè diamo che un piccola faggio ; fe quefto incontrerà l'approvazione del Publico, come ce lo fanno fperare varij nojtri detti Amici, che ce ne hanno ancora dato l'impulfo, noi continueremo di tempo in tempo di dar fuori di fimili volumi, fino à tanto che ne vedremo nel pubblico il gradimento. L'edizione di quefti volumi la farmo in lingua Francefca, Italiana

auffi être très-utile aux feconds dans l'art de la peinture & du deffein, ayant éprouvé nous-mêmes par plufieurs expériences leur belle production.

L'Italie eft connuë pour être un pays fort montagneux, abondant en perspectives agréables, & en collines qui s'élevent par degrés, ou qui font d'un aspect affreux, dont l'eau qui en défend & le bruit des fontaines, excitent un mélange de terreur & de plaifir. Un tel pais ne peut manquer de fournir un nombre infini de vuës charmantes, dont nous n'avons donné à préfent qu'une petite ébauche. Si cet ouvrage peut mériter l'approbation du Public, à laquelle nous avons tout lieu de nous attendre, nous voyant encouragé par plufieurs Savans de nos amis, nous continuerons de donner par intervalle un Volume fimilaire, auffi longtems que nous appercevrons de la

(4)

French and Italian languages, by which means it is adapted to the comprehension of each Nation, and may also serve to instruct the reader in his efforts to attain these languages. Under each plate may be seen the description in English and French corresponding with the Italian explanation. These explanations are short in order to adapt them to the plate, our design being only to make some particular remarks not generally known, leaving the description of the cities to Geographers and Travellers.

It remains in the last place to apprize the reader that when several places are joined together in the same plate, they are distinguished by a greater or lesser number of birds in the air, while they are mark'd by figures in the explanation. This was done because figures

ed Inglese, acciò possa essere à portata dell' intelligenza di queste Nazioni, e perche possa servire al Lettore da opprendere la propria favella di ciascuna di questi nazione. Sotto di ciasche d'un rame sarà la descrizione Inglese, e Francese corrispondente al titolo Italiano della spiegazione stampata. Queste spiegazioni si sono fatte brevi, e all' opportunità del rame, procurando di dirsi qualche cosa di particolare, e di più recondito, lasciando la descrizione delle Città à i Geografi, e à i Viaggiatori.

Restami in ultimo da avvertire, che accennandosi in un rame più luoghi, si sono questi nel medesimo distinti con più ò minor numero d' uccelli nell' avia che nella osservazioni si sono segnati con numeri; e ciò si è fatto perche i numeri nel rame sembravano fare una certa

favorable reception que lui fera le Public. Nous donnons ce Volume en Anglois, Italien & François, afin qu'il soit à la portée d'un chacun, & puisse instruire tout lecteur qui s'applique à l'étude de ces langues. Au dessous de chaque planche on voit la description Angloise & Françoise qui correspond avec l'interpretation Italienne, ces interprétations ne font qu'en abregé, d'autant plus que notre intention n'est que de faire quelques remarques particuliéres qui ne font pas généralement connues, laissant la description des villes aux foins des Géographes & des Voyageurs.

Il ne reste plus qu'à avertir le Lecteur que lorsque plusieurs places se rencontrent ensembles dans la même planche, elles font distinguées par un plus grand ou par un moindre nombre d'oiseaux dans l'air, & marqué dans l'explication par des chifres. L'on a suivi cette

(5)

gures in the plate would have a rude and disagreeable appearance. The plates are placed in the most methodical order, and in the same manner the subsequent Volumes shall be conducted, if this, as it is hoped, be favourably received by the Public.

mostruosità, e bruttezza. A i suddetti rami si è dato quell' ordine più metodico, che è stato possibile, ed in tal maniera si continuerà ne' susseguenti volumi, se questo incontrerà l'approvazione del Publico, conforme speriamo.

méthode pour éviter le mauvais effet que ces chifres auroient causé dans la gravûre. Les planches sont placées dans un ordre régulier, & l'on suivra le même ordre dans les Volumes suivans, si celui-ci comme on l'espère, est reçu favorablement du Public.

(7)

A VIEW OF RAVENNA

A City of Umbria, on the side next the Sea.

Ravenna is seen at the distance of 22 miles from the Sea, on the river Montone which falls into the Adriatic. 45 from Ferrara. 45 from Bologna. 69 from Florence. 195 from Rome. Long. 29. 50. Lat. 44. 22.

Nº. I.

T His View is taken from the way leading from Ravenna to Venice, from whence beside the view of the above named City, at a distance is seen the Mountain of Bertinoro, and the Hill of St. Marino. Without the city are two rivers, the Montone, and the Ronco, which being rendered incapa-

VEDUTA DI RAVENNA

Citta degli Umbria, dalla parte del Mare.

Ravenna e discosta sul fiume Montone che si perde nel Adriatico 22 miglie del Mare. 45 da Ferrara. 45 da Bologna. 69 da Firenze. 195 da Roma. Long. 29. 50. Lat. 44. 22.

Nº. I.

Q Uesta veduta è presa dalla strada che da Ravenna si fa per andare a Venezia ; da dove oltre scoprirsi la suddetta Città si vede in lontananza la Montagna di Bertinoro, è il Monte di San Marino. Fuori della Città sono due fiumi il Montone, e il Ronco, i quali per non avere più il loro

VUË DE RAVENNA

Ville d'Umbria, du côté de la Mer.

Ravenna est à 22 milles de la Mer, sur le riviere Montone qui se jette dans l'Adriatique. 45 de Ferrare. 45 de Bologne. 69 de Florence. 195 de Rome. Long. 29. 50. Lat. 44. 22.

Nº. I.

C Ette Vuë est prise du chemin qui conduit de Ravenna à Venize, d'où l'on apperçoit aussi à quelque distance, outre la Ville mentionnée ci-dessus, la Montagne de Bertinoro, & le Mont de St. Marino. Hors de la Ville sont les deux rivieres Miontone & Ronco, lesquelles n'ayant point de jonction

ble of an influx into the Sea by its retiring, they threatened to overflow the City, to prevent which Clément XII. caused a new Canal to be cut, thro which the waters might have their course, and thus secured this famous City.

In the road which leads to the Port of Cesenatico and Cervia, is to be seen a round Church, served by the Benedictines, of wonderful architecture, and dedicated to the holy Virgin. Its diameter on the inside measures XXXV. palms, the walls are finely adorned, and the whole pavement is composed of a Mosaic of several very agreable figures. The roof is in the form of a cube, all of one single stone, and concave within, with a round window in the middle which illuminates the body of the Church. Over this were formerly four columns of porphyry, which

sfogo in Mare, per il ritiramento del medesimo, minacciavano d' inondare la Città; onde per la di lei conservazione ordinò Clemente XII. un nuovo taglio, e nuovi canali, acciocche si desse sfogo à medesimi e si assicurasse così illustre Città.

Nella via che porta al porto Cesenatico e à Cervia si vede una Chiesa rotonda, essiziata da PP. Benedettini d' architettura mirabile, dedicata alla Beata Vergine si di cuj giro interiore e di palmi XXXV. di diametro; i muri sono ben lavorati, e tutto il pavimento è composto di piccolissime pietre, composto in figure diverse molto dilettevoli: La coperta è in figura di cubo, tutta di un sol sasso intiero, e di dentro concavo, con un occhi nel mezzo che ilumina la Chiesa. Sopra il medesimo furono già quattro colonne, che sostenevano il sepolcro

avec la Mer, menaçoient la Ville d'une inondation que Clément XII. prévint en y faisant couper un Canal à travers, afin que les eaux pussent avoir leurs cours, & par-là il mit cette fameuse Ville à l'abri du danger auquel elle étoit exposée.

Sur le chemin qui conduit au Port de Cesenatico & de Cervia, l'on voit une Eglise toute ronde sous la direction des PP. Benedictins, d'une architecture merveilleuse, & dédiée à la Bien-heureuse Vierge. La voute dans son enceinte a XXXV. palmes de diametre, les murs sont bien travaillés, & le pavement où l'on voit plusieurs figures agréables, est fait à la mosaïque. Le toît est d'une forme cubique, tout d'une seule pierre creusé, avec une fenêtre ronde dans le milieu par où le jour se repand dans l'Eglise. Il y avoit anciennement au dessus quatre colonnes

supported the tomb of King Theodoric, they were all of one stone, eight feet long, and four feet high, with a copercle of bronze very well executed. They will have it that this Sepulchre was erected by his daughter Amalasunta, but being destroy'd by the rapacity of the Soldiers of Lewis XII. King of France, there at present scarce remain the least vestiges of it.

Neighbouring to the Sea, which was once very near the City of Ravenna, but is now distant more than three miles, is situated the famous Abbey of Classe, remarkable at present for nothing except its ancient Church, its subterraneous passages, and ancient inscriptions. Here they preserve the body of St. Appollinaris; and here also is to be seen a forest of Pines deserving admiration, and

del Re Teodorico, fatto di porfido tutto di un pezzo lungo VIII piedi, e alto IV. con il copercbio di bronzo figurato assai bene. Vogliono che questo sepolcro gle lo fabbricasse Amalasunta sua figliola; ma essendo stato per ingordigia distratto da Soldati di Lodovico XII. Re di Francia, non si conosce adesso che da poiche vestigij del medesimo.

Vicino al mare una volta prossimo alla Città di Ravenna, ed ora Lontano più di tre miglia, è situata la celebre Abbadia di Classe, in niente oggigiorno ragguardevole, se ne eccettuiamo la sua antica Chiesa, e sotterranei, e antiche iscrizioni; qui si conserva il Corpo di S. Apollinare. Ammirasi parimente da questa parte una gran selva di Pini, che non ha' eguale in grandezza, posseduta la

de porphyre supportant la tombe du Roi Théodoric, toutes d'une seule pierre, huit pieds de long, & quatre de haut, avec un couvercle de bronze fort bien exécuté. L'on rapporte que ce Sépulchre avoit été érigé par sa fille Amalafunta; mais ayant été détruit par les troupes de Louis XII. Roi de France, il n'en reste à présent presque aucuna vestiges.

Dans le voisinage de la Mer, qui autrefois étoit fort près de Ravenna, mais à présent en est éloigné de plus de trois miles, est situee la fameuse Abbaïe de Classe, qui n'a de remarquable que l'ancienneté de son Eglise, ses passages soûterrains, & ses inscriptions antiques : C'est là que l'on conserve le Corps de St. Appollinaire. Il y a ici une forest de Pins admirables, d'une hauteur sans pareille, qui four-

B

(10)

which surpass all others in height, and belong for the most part to the Monks of Classe, furnishing almost all Italy with their fruit.

maggior parte da Monaci Cassinensi, che fornisce i suoi frutti à quasi tutta l'Italia.

nissent de leur fruit presque toute l'Italie, & dont la plus grande partie appartient aux Moines de Classe.

A

VIEW

of the Country beyond

RIMINI,

and of the Mountain, and Republic of St. MARINO.

Nº. II.

Having paſt the famous river Rubicon, called at preſent the Marecchia, about half a mile from the ancient city of Rimini, on the Emilian way, near the Church of the Holy-Ghoſt, and not far from the great road leading to Rome, we diſcover at ſome miles diſtance, the lofty and craggy mountain of St. Marino, on the top of which there is a rich and ſtrong fortifyed Caſtle, founded either in the ninth or

VEDUTA

della Campagna paſſato

RIMINI,

e della Montagna, e Republica di S. MARINO.

Nº. II.

Paſſato il celebre Fiume Rubicone, detto in oggi la Marecchia, mezzo miglio di là dell' antica Città di Rimini nella via Emilia, vicino alla Chieſa dello Spirito Santo, paſſa poco lontano della ſtrada maeſtra andando à Roma ſi ſcopre lungi alcune miglia l'alta, e ſcoſceſa montagna di San Marino ; ſopra della quale è un ricco, e popolato Caſtello, fondato nel IX, o' X. Sec; di Chr, che ſi go-

VUË

de la Campagne au-delà de

RIMINI,

& de la Montagne & République de St. MARINO.

Nº. II.

Ayant paſſé la fameuſe Rivière Rubicon, nommée à préſent Marecchia, à environ un demi mile de l'ancienne Ville de Rimini, ſur le chemin Emilien, près l'Egliſe du S. Eſprit, & pas loin de la grande route qui conduit à Rome, l'on découvre à quelques miles de diſtance, la haute & raboteuſe Montagne de S. Marino, ſur laquelle eſt ſituè un riche Château bien fortifié, fondè dans le neuviéme ou le dixiéme Siè-

B 2

tenth Century, which is governed by its own laws, and which since its foundation has retained its independence, from whence it has acquired the name of a Republic. And in fact we do not read either in the history of the Malatesta, Lords of Rimini, nor in that of the Lords of Monte Feltro, or of Rovere, nor finally in that of the Popes that ever their jurisdictions were infringed or their liberties disturbed. In the year 1738. the famous Cardinal Alberoni, being Legate in Romania, attempted by violence and stratagem, leading his troops in person, to deprive this unhappy people of their ancient liberties. But they defended themselves and sustained his assaults with so much intrepidity, that the Cardinal was obliged to find safety by flight. And Pope Clément XII. not only disap-

verna con le proprie leggi, senza dependenza alcuna, si può dire, sino dalla sua fondazione, onde ne hà acquistato il nome di Republica. Ed in fatti non si legge nell' istoria de i Malatesta Signori di Rimini, nè in quella de i Signori di Monte Feltro, o' della Rovere, nè sussiguentemente i Papi, che vi abbiano già mai turbata la loro giurisdizione, e libertà. nel MDCCXXXVIII. il famoso Cardinale Giulio Alberoni essendo Legato della Romagna, pensò con stratagemi, e violenze, portandovisi in persona con modti soldati, di spogliare questi infelici popoli della loro antica libertà: ma essi tanto costantemente la difesero, e la sostenero, che contenne al Cardinale Alberoni di prendere sollecitamente la fuga per porre in salvo la sua vita. E il Pontefice Clemente XII.

cle, gouverné par ses propres loix, & ayant maintenu son indépendance depuis sa fondation. Aussi s'est-il acquis par-là, le titre de République. Il est certain que nous ne trouvons pas dans l'histoire des Malatesta, Seigneurs de Rimini, ni dans celle des Seigneurs de Monte Feltro, ou de Rovere, ni aussi dans celle des Papes, que leur jurisdiction ni leur liberté aient jamais été enfreintes. En 1738. le fameux Cardinal Alberoni, étant Légat dans la Romanie, entreprit à la tête de ses troupes, de dépouiller cet infortuné peuple de ses anciennes libertés; mais il se défendit si vaillammem, & fournit ses assauts avec tant de courage, que le Cardinal se vit contraint d'abandonner son entreprise & de chercher son salut dans la fuite. Le Pape Clément XII. non-seulement désa-

proved the violent conduct of the Cardinal, which the inhabitants of St. Marino took care to publish in several learned and elegant Manifestoes, but he also confirmed their liberties with a Bull, and they still continue to enjoy in tranquillity the effects of his clemency.

It would be superfluous in me to expatiate upon the City of Rimini and its antiquity, having been anticipated in this by so many writers as well ancient as modern. Thus for instance its amphitheatre, triumphal arc, its bridge, and celebrated Temple of St. Francis, built by Sigismund Malatesta, together with the famous river Rubicon, so much controverted at present. The triumphal arch, with the bridge, its plan, elevation, and admeasurement, have been lately publish'd in a large folio, by *Bonamici* Architect of Rimini.

non solo disapprovò la condotta violenta del Cardinale, manifestata al pubblico da quelli di San Marino con varij dotti, ed eleganti manifesti; ma ancora confermò con Bolla la loro antica libertà, che sieguono tranquillamente à godere.

Il qui parlare della Città di Rimini, e della sua antichità, sarebbe superfluo, trovandosi referita da tanti scrittori si antichi, che moderni; come pure del suo Anfiteatro, Arco Trionfale, ponte, e celebre Tempio di San Francesco fabricato da Sigismondo Malatesta, e del famoso fiume Rubicone, tanto controverso da i moderni. L'Arco Trionfale, e il ponte con la sua pianta, alzato, e misure è stato publicato ultimamente con gran diligenza dall' Architetto Bonamici di Rimini in magnifico foglio.

prouva la conduite du Cardinal, que les habitans de St. Marino eurent soin de publier dans plusieurs elégants Manifestes, mais il confirma aussi leur liberté par une Bulle, & ils jouïssent encore tranquillement des effets de sa clémence.

Il seroit inutile de m'étendre ici sur la ville de Rimini & ses antiquités, ayant été dévancé en cela par quantité d'Ecrivains tant anciens que modernes, comme aussi sur son amphithéatre, son arc de triomphe, son pont, & son fameux temple de S. François, bâtit par Sigismund Malatesta, & sur la fameuse riviere Rubicon tant contesté à present. L'arc de triomphe, son pont, plan, élévation, & étenduë, ont été publié depuis peu, avec la plus grande exactitude, dans un large folio, par *Bonamici*, Architecte de Rimini.

Pesaro Verso Ancona N.º 2.

(15)

Two Plates

A
VIEW
of the Bridge by the walls
OF
PESARO.
Nº. III.

THe river which runs near the city of *Pefaro*, and which is at prefent named the *Foglia*, is commonly thought to have been anciently called the *Ifaurus*. But as Fabretti learnedly conceives, it was called the *Pifaurus*, and the *Pitini* were not called *Pifaurenfe*, but *Ifaurenfe*, as is feen by an infcription quoted by the learned Anibal, from the Abbot of Oliviera, in his antiquities of *Pefaro*. Pliny places the *Pifaurum cum amne*, meaning the city *Pefare*, with the Ri-

VEDUTA
del Ponte alle mura
DI
PESARO.
Nº. III.

IL *fiume che fcorre vicino alla Città di* Pefaro, *e che in oggi fi chiama* Foglia, *fi crede communemente che dagl' antichi foffe detto* Ifauro : *ma come dottamente giudicò il Fabretti fù detto* Pifauro, *e che i* Pitini *non furono detti* Pifaurenfi, *ma* Ifaurenfi, *come dimoftra un'ifcrizione riportata dal dotto Annibale, dagl' Abati Oliviera nelle fue antichità di* Pefaro. *Plinio pone nella* IX. *Regione d' Italia* Pifaurum cum amne, *cioè,* Pefaro

VUË
du Pont, près des murs
DE
PESARO.
Nº. III.

LA rivière qui paffe près la ville de *Pefaro*, & qui aujourd'hui fe nomme *Foglia*, fe nommoit anciennement, felon l'opinion commune, *Ifaurus*. Mais le favant Fabretti penfe judicieufement que fon nom étoit *Pifaurus*, & que les *Pitini* ne fe nommoient pas *Pifaurenfi*, mais *Ifaurenfi*, comme le démontre une infcription citée par le favant Anibal, de l'Abbé d'Oliviera, dans fes Antiquités de *Pefaro*. Plines place le *Pifaurum cum amne*, entendant par là la ville de *Pifaro*

ver of that name in the IX. region of Italy. And in fact if the name of the river had been different from that of the city, he would not have omitted mentioning it. Siculus Flaccus expressly calls it *Pisaurus*, and thus also Aggeus Rubicundus, conformable to whose opinion is also that of Vicius Sequester: whence it is easy to conjecture, that Lucan was constrain'd by the measure of his verse to write *Isauro* for *Pisauro*.

Crustumius fuesse, ord unico Lapis junctis, Isaura. Phars. Lib. 3.

Pisaro was a Roman Colony, Lucius Sylla brought there a military Colony, as did also Julius Cæsar, and Mark Antony. It was also a municipal town, and not swallowed as some have thought by an earthquake, but destroy'd by Witigius King of the Goths, and restored by Belisarius, General of Justi-

col fiume dell' istesso nome. Ed in fatti se il nome del fiume fosse stato diverso da quello della Città non avrebbe tralasciato di dirlo. Siculo Flacco espressamente lo chiama Pisauro, e così Aggeo Rubicondo, Conformatasi à questa opinione è quella di Vitio Sequestro: onde è facile il congetturare, che Lucano costretto dal metro del verso, da Pisauro, Isauro ne formasse, dicendo:

Il rapace Crustumio, con l'Isauro agl' Hapi congiunto. Farsol. Lib. 3.

Pesaro fu Colonia de Romani, e L. Silla vi condusse una Colonia Militare, come fecero parimente Giulio Cesare, e M. Antonio: fu ancora Municipio, non maj inghiottito dalla terra per terremoto come alcuni hanno creduto; ma benfì fù disfratta da Witige Rè de Gothi, e rifforata da Belisario

& la rivière de ce nom, dans la IX. Région de l'Italie. Il est certain que si la rivière eut eu un autre nom que la ville, il en auroit affurément fait mention. Siculus Flaccus l'appelle expressément *Pisaure*, & aussi Aggeus Rubicundus à l'opinion duquel est conforme celle de Vicius Sequester: d'où il est aisé de juger que Lucan pour la construction de ces vers, a été obligé d'écrire *Isauro* pour *Pisauro*.

Crustumiumq; rapax, & junctus Isapis Isauro: Pharsal. lib. 3.

Pesaro étoit une Colonie Romaine; Lucius Sylla y en introduisit une Militaire, ainsi que Julius Cæsar, & Marc Antoine. C'étoit une ville municipale, non engloutie par un tremblement de terre comme quelques-uns l'ont cru, mais détruite par Witige Roi des Goths & rétablie par Belisarius Général de

(17)

nian the Emperor. At present it is a pleasant, and beautiful city with a good fortress by the Sea side, built by John Sforza, and fortified by Francisco Maria, and Theobald dalla Rovere, Dukes of Urbino, and Princes of the City in question. They have also built a beautiful villa on a hill without the city. *Pesaro* is adorned with beautiful buildings, piazzas, churches, and monasteries. Without the walls of the city is seen the villa of the Marquis of Mosca, abounding in water, and magnificent by its Palaces and gardens.

We enter the city by a bridge, expressed in the present view, thro which passes the river *Foglia*, to that gate of the city which leads to Rimini; and here they will have it, that the country of *Picenn*, otherwise the *Marca Anconitana* ends, and that here the Principi-

Generale di Giustiniano Imperatore. Presentemente è una vaga, e bella Città con buona fortezza al lido del mare fabbricata da Giovanni Sforza; e le fortificazioni da Francesco Maria, e Guidubaldo della Rovere Duchi d' Urbino, e proprj Principi; che fabbricarono ancora una superba villa in un colle fuori della Città. E Pesaro ornato di belle fabbriche, piazze, chiese, e Monasterj. Fuori della Città è da vedersi la villa del Marchese Mosca abbondante per le acque, e nobile per i Palazzi, e Giardini.

Si passa un ponte per entrare in Città, espresso nella presente veduta, sotto di cui passa il fiume Foglia alla porta di Pesaro che conduce a Rimini; e qui si vuole che termini il Piceno, o sia la Marca Anconitana, e che incominci il Principio dell' Emi-

l'Empereur Justinien. A présent c'est une grande & belle ville, munie d'un bon Fort du côté de la Mer, bâtit par Jean Sforza, & fortifié par François Marie, & Théobal de Rovere, Ducs d'Urbino, & Princes de la dite ville. Ils ont aussi bâti sur une isle, hors de la ville, un fort beau villa. *Pesaro* est orné de superbes bâtimens, places publiques, Eglises, & Monastères. Hors les murs de *Pesaro* on voit la villa du Marquis de Mosca, abondante en eau, & ornée de Palais magnifiques, & de Jardins superbes.

A l'entrée de la ville l'on passe sur un pont représenté dans la présente planche, sous lequel passe la rivière *Foglia*, l'on prétend qu'à la porte de Pésaro qui conduit à Rimini, se termine le pays de *Picenn* ou autrement dit la *Marca Anconitana*, & que là commence la Prin-

C

pality of *Emilia* or *Romania* begins. *Pesaro* is a rich and mercantile city, by reason of its maritime situation, however the port is small and insecure; it is of late adorned with agreable walks. On the left of the City is the Castle of *Nicolao*, and four miles farther, Mount l'*Abbate*, placed on a high hill, with a very fine prospect.

lia, *o sia* Romagna. E Pesaro ricca, e mercantile Città per la commodità del Mare; nondimeno il porto è piccolo, e mal sicuro, e ultimamente è stato adornato con vaghi passeggi. A sinistra della Città è il Castello di Niccolara, e quattro miglia più lontano Monte l' Abbate, posto in un alto colle di bellissima veduta,

cipauté *d'Emilia*. *Pesaro* est une ville riche & marchande, par sa situation maritime ; cependant son port est petit & sans force, mais elle est ornée à présent de promenades fort agréables. Le Château *Nicolao* est sur la gauche de la ville, & à quatre miles plus loin est le *Mont l'Abbate*, qui étant situé sur une haute colline, a une très-belle vuë.

A
VIEW
OF
The Port of SINIGAGLIA,
of MONTE d'ANCONA,
and the Casa BRUGIATE.

N° IV.

NEighbouring to Ancona, or in other words, above that City, there stands a lofty Promontory, which juts out into the Sea, commonly called *Monte d'Ancona*, and seen at a great distance. It was formerly called the *Promontory of Cimmeria* according to Pliny. This Promontory is so near the Appenine Mountains, as to have induced some to be of opinion that the Appenines ended here, but apparently

VEDUTA
DEL
Porto di SINIGAGLIA,
del MONTE d'ANCONA,
e Casa BRUGIATE.

N°. IV.

Vicino ad Ancona, o sia sopra la Città medesima è un alto Promontorio, che riguarda il mare, detto volgarmente il Monte d'Ancona, che si vede molto da lungi. Fù dagl' antichi detto Promontorio Cimmerio secondo Plinio. Egli è tanto vicino al Monte Appennino questo Promontorio, che ha dato cagione ad alcuni di scrivere che qui finisca il detto Monte Appennino, ma però senza ragione; avvegna

VUË
DU
Port de SINIGAGLIA,
du MONT d'ANCONA,
& de la Casa BRUGIATE.

N°. IV.

DAns le voisinage d'Ancona, où au dessus de la ville, il y a un Promontoire fort elevé qui fait face à la Mer, & est apperçu de fort loin, il est communément appellé *Monte d'Ancona*. Il se nommoit autrefois, selon Pline, le *Promontoire de Cimmerio*. Ce Promontoire est si près des Montagnes Appenines, que plusieurs ont été portés à croire, sans aucun fondement, que ces Montagnes se terminoient

C 2

without foundation; because, if here, as Pliny and Ptolemy write, Italy begins to take its curvature, being thus far divided into two parts by this mountain, the country taking at this place another turn, with it into the territories of *Brutij*, otherwise *Calabria*. Formerly on the summit of this mountain, stood the temple of Venus, as Juvenal informs us, at present it is occupied by a Monastery of Camaldolesian Monks. Beneath this Promontory, on that side where it inclines to the sea, stands the ancient city of *Ancona* which was called the *Doric* city because founded by the Greeks. It was called Ancona from the curvature or bending which the mountain makes under which it is situated. This is a rich and mercantile city. Pliny, Strabo, and Solinus, and

che in questo luogo si piega l' Italia, conforme scrivono Plinio e Tolomeo, la quale è divisa infino à questo luogo per mezzo del detto Monte Appennino, che qui ancor egli piegando, volta verso i Brutij, e sia la Calabria. Anticamente sopra la sommità di questo monte eravi, secondo che dice Giovenale, il Tempio di Venere; adesso vi è un Eremo di Monaci Camaldolesi; sotto detto Promontorio, da qual lato deve si piega nel mare, vedesi l' antica Città d' Ancona, di fondazione Greca, detta Città Dorica. Fù posto a questa Città il nome d' Ancona, per la curvatura, o sia piegatura, che fà il detto monte. E questa Città ricca, e mercantile. Parlando della sua origine Strabone, Plinio, e Solino, e tra i moderni

dans cet endroit là, & que l'Italie, selon ce que Pline & Ptolomé en ont écrit, commençoit ici, & se trouve divisée en deux parties par cette montagne, laquelle s'étend jusques dans le territoire de *Brutij*, ou autrement la *Calabre*. Il y avoit anciennement sur le sommet de cette montagne, un Temple de Venus, selon ce qu'en dit Juvenal, qui est à présent un Couvent de Moines Camaldolésiens. Au dessous de ce Promontoire, du côté de la mer, est situé l'ancienne ville d'*Ancona*, autrefois appellée la ville *Dorique*, parce que les Grecs en avoient été les fondateurs. On l'a nommée Ancona par rapport au penchant de la montagne qui la couvre & au-dessous de laquelle elle se trouve située. C'est une ville riche & marchande. Pline, Strabo, & Solinus, & au nombre des Mo-

among the Moderns Saracini who have given the history of this place, all gave it the name of the Greek City. In the Port is to be seen the famous triumphal arch of Trajan, very well preserved; and among the modern buildings, is the Hospital, a magnificent Pile, and the new and large mole, now building to render the harbour more large and secure.

Proceeding by the Sea side along the Strada Romana, the *Casa Brugiata* is seen, being an inn for travellers, and a Post house. Its walls are very strong, to secure it from Pirates, who were accustomed to make descents from sea to rob and make slaves of the Pilgrims and passengers. It received the name of *Casa Brugiata*, or Burnt house, from its being often burnt by the Corsairs, and this was the occasion of its

il Saracini, che ne han fatte l'istoria, e tutti questi la chiamano *Città Greca*. Nel Porto vi è il famoso Arco di Trajano molto ben conservato; E di fabbriche moderne è da vedersi il Lazzaretto di magnifica architettura, e il nuovo e largo molo, che si fabbrica presentemente per rendere più sicuro, e più ampio il suo porto.

Camminando presso il lido del Mare per la Strada Romana si scorge Casa Brugiata, che è un osteria con la posta, e le sue mura sono molto forti, acciachè sia sicura da i pirati di mare, che solevano qui scandere per rubbare e far schiavi i pellegrini, e passaggieri. Ella fu così denominata per essere stata più volte abbrugiata da i detti corsari, che

dernes Saracini, qui en ont écrit l'histoire, lui donnent tous le nom de ville Greque. L'on voit sur son port le fameux Arc de Triomphe de Trajan, conservé avec soin, & entre les bâtimens modernes, un superbe Hôpital; & le grand & large mole qu'on fait actuellement, afin d'élargir l'entrée du Port, & qu'on puisse y aborder avec plus de sûreté.

En poursuivant le long de la Mer, par la Strada Romana, l'on voit la *Casa Brugiata*, qui est la poste, & une hôtelerie pour les voyageurs. Ses murs sont très-forts, afin de la garantir contre les attaques des Pirates qui y faisoient des descentes pour piller les Pelerins & les passagers, & les faire esclaves. Les Corsaires y ayant mis le feu plusieurs fois, elle fut nommée *Casa Brugiata*, ou maison brûlée, & rebâtie

(22)

being built more strongly, in order to resist any hostile attack.

Still keeping by the Sea side, four miles beyond the Casa Brugiata, we come to *Sinigaglia*, mentioned by Cato, Antoninus, Pomponius Mela, Pliny, and others, it was formerly called *Senogallia*, *Senagallia*, or *Seuagallia*, formed from the word Seno Galli, or Galli Senones. The Galli Senones being conquered by Publius Dolabella, were made a Roman Colony. The river *Misa* which descends from the Apennines, washes the walls of the city on the West. This City is famous for the great fair which is held here in the month of July, at which is collected the principal merchandise of Italy, Germany, and Sclavonia. At present the port and city are adorned with new and magnificent buildings. From this più forte, e da poter resistere agli offesi nemici.

Seguitando il lido del mare, passata la Casa Brugiata doppo quattro miglia ritrovasi Sinigaglia, rammemmrata da Catone, Antonino, Pomponio Mela, Plinio ed altri, detta anticamente Senogallia, Senogallia, e Senegallia fabbricata da i Seno Galli, e Galli Sennoni. Vinti da Publio Dolabella i detti Galli Sennoni fù fatta Colonia de Romani. Bagna le mura di questa Città dall'Occidente il Fiume Misa che scende dall' Apennino. È celebre questa Città per la gran Fiera che si vi fà nel mese di Luglio, ove concorrono tutte le mercanzie dell' Italia, Germania, e Schiavonia. Adesso si è nobilitato il porto, e la Città con nuovi, e magnifiche fabbriche. Da questo punto, secondo Poli-

plus forte, pour la garantir des attaques imprévues de l'ennemi.

En continuant le long de la Mer, à quatre miles de la Casa Brugiata, l'on arrive à *Sinigaglia*, mentionné par Cato, Antoninus, Pomponius Mela, Pline & autres. Il se nommoit anciennement *Senogallia*, *Senagallia*, ou *Senagallia*, qui dérive de Seno Galli, ou Galli Sennones. Les Galli Sennones étant vaincu par Publius Dolabella, devinrent une Colonie Romaines. La rivière *Misa* qui descend des Appenines, baigne les murs de cette ville du côté de l'Occident. Cette ville est renommée par la Foire qui s'y tient au mois de Juillet, où se trouvent toutes les principales marchandises d'Italie, d'Alemagne, & de la Sclavonie. Présentement le Port & la Ville sont orné de bâtimens neufs & magnifiques. C'est ici que se-

place, according to Politian, that *Gallia Cifalpina* begins, with its extensive plains, divided by the great river *Po*, and extending to the Alps in Savoy. The view here given which discovers all the places already described, is taken from the Strada Romana, a little beyond Sinigaglia on the way to Rome.

bio comincia la *Gallia Cifalpina* con le sue vaste pianure divise dal gran fiume Pò, che estendonsi fino alle *Alpi della Savoia*. La presente veduta che scuopre tutti questi luoghi da me descritti è nella Strada Romana passato di poco *Sinigaglia* verso Roma.

lon Politien, que commence le *Gallia Cifalpina*, avec ses vastes plaines, divisé par la grande rivière *Pô*, s'étendant jusques aux Alpes en Savoye. Cette vuë, d'où l'on découvre toutes les places mentionnées ci-dessus, est prise de la Strada Romana, pas loin de Sinigaglia, sur la route de Rome.

(25)

A VIEW OF LORETTO, at a distance.

Authors will have it that this City takes its name from toward Alitani Laurels, which were found growing on this hill upon the first founding the City. It is three miles from the Gulf of Venice; 15 from Ancona, 25 from Fermo, and 130 from Rome. Long. 31.25. Lat. 43.24.

N°. V.

This View is taken from the Strada Romana three miles from Loretto. Between the city Recanati, and the Adriatic Sea, not far from the river Mufone, the city of Loretto appears upon an high hill, where is a magni-

VEDUTA in lontananza DI LORETO.

Vogliono i Autori che il suo nome sia derivato dagli Allori, che prima della fondazione della città coronavono, questo amenissimo colle 3 miglia dal Golfo di Venezia, 15 d'Ancona, 25 da Fermo, 130 da Roma, Long. 31. 25. Lat. 43.24.

N°. V.

Questa veduta è presa dalla Strada Romana tre miglia distante da Loreto. Tra la Città di Recanati, e il mare Adriatico, non lontano dal fiume Mufone, si vede sopra un altro colle la Città di Loreto; ove conservasi un augusto

VUË DE LORETTE, de loin.

Les Auteurs prétendent que cette Ville tire son Origine du mot Allori, qui fut trouvé sur cette Colline lorsqu'on y jetta les fondemens de cette Ville, qui est à la distance de 3 miles du Golfe de Venise, 15 d'Ancone, 25 de Ferme, & 130 de Rome, Long. 31.25. Lat. 43. 24.

N°. V.

Cette Vuë est prise de la Strada Romana, à trois miles de Lorette ; entre la ville Recanati, & la mer Adriatique, à peu de distance de la rivière Mufone. La ville de Lorette est située sur une haute Colline où il y a une ma-

D

ficent Church dedicated to the Holy Virgin, built so early as the times of Innocent VIII. beautified with marble, and fine sculptures, precious furnitures, and immense riches. The place is surrounded with strong and thick walls, and otherwise fortified. Tho' that city lies in the diocese of Recanati, yet notwithstanding it is exempted from the jurisdiction of the Bishop of that place, and is entirely dependant upon a Governor sent from Rome, and a congregation of Roman Prelates, of whom the Cardinal Secretary of State for the time being, is the head.

Here is no other church than the great Temple, and tho' Priests, Religious, and Convents are here in great abundance, yet they are all obliged to say Mass in this alone. This Temple has a large revenue, which is

Tempio dedicato alla B. V. incominciato fino dal tempo del Pontefice Innocenzio VIII. ricchissimo di marmi ed eccellenti scolture, come di preziosi arredi, e immense ricchezze. E il luogo circondato di grosse, e forti mura, ed ha alcuni fortini. Benchè il luogo sia della Diocesi di Recanati, ciò non ostante è dismembrato dalla giurisdizione di quel Vescovo, e dipende in tutto da un Prelato Governatore mandato da Roma, e da una Congregazione di Prelati in Roma, della quale ne è capo il Cardinale Segretario di Stato.

Non vi è in questo luogo altra Chiesa che questo gran Tempio, e benchè ci siano molti Preti, Religiosi e Conventi, ciò non ostante tutti sono obligati di dire la Messa in questa Chiesa. Ha il Tempio grosse rendite, con le quali

gnifique Eglise dédiée à la Ste. Vierge, bâtie sous le règne du Pape Innocent VIII. embellies de marbre, de belles sculptures, d'ornemens précieux, & de richesses immenses. Cette place est fortifiée avec de hautes & fortes murailles. Quoique cette ville soit située dans le Diocèse de Recanati, elle est cependant exempte de la juridiction de l'Evêque de cette place, & dépend totalement d'un Prélat, envoyé de Rome en qualité de Gouverneur, & d'une Congrégation de Prélats Romains, à la tête de laquelle est le Cardinal Sécrétaire d'Etat.

Ce magnifique Temple est la seule Eglise qu'il y ait dans cette place, où il y a un grand nombre de Prêtres, Religieux, & Couvents, qui sont tous obligé de dire la Messe dans cette Eglise. Ce Temple a des revenus suffisans

sufficient not only to supply whatever is necessary for its repairs, and the maintenance of the Ministers and other Officers, but also to support its chapter of Canons, and religious Penitents, together with a Choir, and particularly a Governor, who has here a beautiful palace finely furnish'd, with services of plate, and a competent family, being obliged to entertain all the Cardinals and other persons of distinction, who travel thro' this place, or come hither thro' devotion. This Temple keeps for its service, a very numerous body of clergy, and some colleges of foreign nations. The country is well provided with Inns and Taverns for the accommodation of travellers and pilgrims, of whom there i generally the greatest concourse in Autumn and the beginning of Spring,

non solo è supplito a tutto ciò che è necessario per mantenimento del medesimo, e suoi ministri, e ufficiali; ma ancora il Capitolo de' Canonici, i Religiosi Penitenzieri, e una sselta musica; e di tutto punto il Governatore, che hà un bel palazzo molto ben mobiliato, con argenterie, e suppelletile necessaria; essendo obligato di alloggiare tutti i Cardinali, e altri insigni Personaggi, che passano di lì, o che vi vanno per loro devozione. Tiene questo Tempio per suo uso un Clero assai numeroso, e alcuni Collegj di nazioni forestiere. Il paese è ripieno di osterie, e alberghi assai comodi per alloggiare Forastieri, e Pellegrini, de' quali ven' è il maggior concorso nella primavera, e nell' autunno. Nè passa Forastiere di qualunque condizione egli sia, che

non seulement pour suppléer à ses réparations, & à l'entretient de ses Ministres & autres Officiers, mais aussi pour supporter son Chapitre de Chanoines, les Religieux Pénitens, & un Cœur de musique, & particuliérement son Gouverneur qui a un superbe Palais, magnifiquement meublé, & servi tout en argenterie ; avec un ample revenu, étant obligé de recevoir tous les Cardinaux, & autres personnes de distinction qui passent par cette ville, ou qui y viennent par dévotion. L'on maintient un Clergé nombreux pour faire le service de cette Eglise, & aussi quelques Colléges de nations étrangéres. Le pays est bien pourvû d'hôteleries, pour la commodité des voyageurs & des Pelerins dont il y a un grand concours en Automne & au commencement du Printems. Tous les voyageurs

D 2

Travellers of whatsoever condition they happen to be, going to Rome, always stop to admire this noble Temple and its magnificent contents, being at the same time delighted with the agreable situation of the City, and its beautiful view of the Sea.

cadía a Roma, che non voglia vederi, ed ammirare questo gran Tempio, e le sue magnificenze; e che non osservi nel medesimo tempo la sua graziosa situazione, e la sua bella veduta del Mare.

qui vont à Rome, de quelle condition qu'ils soient, ne manquent pas de s'arrêter ici pour admirer ce beau Temple & sa magnificence, & sont en même-tems charmé de l'agréable situation de cette Ville, & de son beau coup d'œil sur la Mer.

Tolentino N.º 5

A
VIEW
OF
THE CITY
TOLENTINO,
from the Porta Romana.

Nº. VI.

Tolentino, which shares the Cathedral See with Macerata, is a very ancient City. The *Tolentinati* are frequently mentioned by Pliny. Before we enter the gate of the City, which is of Gothic structure, the Strada Romana takes a turn passing by l'*Arancia*, formerly a Castle of some strength, and at present in the possession of the family of *Varani*, Lords of Camerino. *Sanvicino* a lofty and pointed mountain is seen

VEDUTA
DELLA CITTA
DI
TOLENTINO,
dalla Porta Romana.

Nº. VI.

Tolentino Città concatedrale con Macerata, è luogo molto antico; leggendosi in Plinio rammentati i popoli Tolentinati. Prima di entrare dentro la porta di questa Città di struttura Gotica, volta la Strada Romana passando per l'Arancia, in oggi tenuta, ed una volta forte Castello della famiglia Varani, Signori di Camerino. Vedesi in lontananza il monte Sanvicino che è molto alto, ed aguzzo. E To-

VUË
DE LA VILLE
DE
TOLENTINO,
à la Porta Romana.

Nº. VI.

Tolentino, qui partage le Siège de sa Cathédrale avec Macerata, est une ville fort ancienne. Pline fait souvent mention des Tolentins. Près la porte de la ville, qui est d'une construction Gothique, la Strada Romana fait un détour, & va passer à l'*Arancia*, château anciennement fortifié, & dont la famille des *Varani* Seigneurs de Camerino, est en possession. L'on apperçoit de loin la haute montagne de *Sanvicino*.

(30)

from hence at a distance. Tolentino is distant from Loretto XXX. miles, and XII. from Macerata. The city is populous, well supplied, and surrounded with various landskips, and little towns. It was formerly defended by a fortress now almost demolish'd, and has produced several great men remarkable in letters and arms. Among the number we should not omit mentioning Philelphus a celebrated writer of the XV. Century, who translated many of the Greek Classicks into Italian. The inhabitants are very proud of having had him among the number of their fellow citizens, and beside his effigy in marble with a pompous inscription, erected in the publick town house, they shew strangers the sword and other memorials of this great man. His brother and son were both equally learned with himself,

lentino lontano da Loreto miglia XXX. e da Macerata miglia XII. La Città è popolata, ed abbondante; circondata da varie Terre, e Castelli. Era guardata da un' antica Rocca, in oggi mezzo diruta; ed hà prodotto molti uomini insigni in lettere, ed armi: tra i quali non è da tralasciarsi il Filelfo celèbre Letterato del secolo XV. chè tradusse molti classici Autori dalla Greca nell' Italiana favella. Và questa Città cosi fastosa di aver prodotto questo Letterato, che oltre il suo ritratto in marmo con bell' elogio, che gli fù eretto nel pubblico Palazzo da i suoi Magistrati, mostrano a i forestieri la sua spada, e altre memorie di questo Letterato; di cui non meno furono dotti il Figlio, ed il Fratello.

Tolentino est à XXX. miles de Lorette, & à XII. de Macerata. La ville est fort peuplée, bien pourvuë, & entourée de divers païsages & de petites villes; elle étoit autrefois gardé par un fort qui est à préſent démoli, & elle a produit plusieurs grands hommes remarquables dans les lettres & dans les armes, entre lesquels nous mentionnerons Philelphus célèbre Ecrivain du XV. Siècle, qui a traduit plusieurs classical livres Grecs en Italien. Les Habitans de cette ville se glorifient beaucoup de l'avoir eu au nombre de leurs Citoyens, & outre son effigie en marbre ornée d'un éloge pompeux, érigée dans l'Hotel de ville, ils montrent aussi aux étrangers l'épée, & autres mémorials de ce grand homme. L'on rapporte que son frere & son fils eurent un sçavoir égal au sien.

Tolentino verso Loreto N.º 6.

ANOTHER
VIEW
OF THE CITY
OF
TOLENTINO.
Nº. VII.

THe City of Tolentino being built upon high and craggy rocks, in order to render it ſtronger, the view on this ſide has at once a mixture of the awful and pleaſing. On this ſide alſo is ſeen the lofty mountain of Sanvicino. This city as we have already obſerved, has given birth to Francis Philelphus, but what renders it more famous, is, the Body of S. Nicolas, of the Order of S. Auguſtine, and ſurnamed Tolentini, from his native City, which is depoſited in a

ALTRA
VEDUTA
DELLA MEDESIMA CITTÀ
DI
TOLENTINO.
Nº. VII.

DA queſta parte ſi vede la Città di Tolentino per renderla più forte eſſere ſtata fabbricata ſopra alti, e dirupati ſcogli, che ſanno orrida, e nell' iſteſſo tempo dilettevole veduta. Ancora da queſta parte ſcopreſi l' alto monte Sanvicino. In queſta Città, come diſſi poc' anzi ſorti i ſuoi natali Franceſco Filelfo. Ma ciò che rende celebre la Città ſopra di ogni altra coſa è il Corpo di San Nicola, dell' ordine di Sant Agoſtino, detto

AUTRE
VUË
DE LA VILLE
DE
TOLENTINO,
Nº. VII.

LA Ville de Tolentino étant bâtie ſur des rochers hauts & eſcarpés pour la rendre plus forte, ſon aſpect de ce côté, donne en même tems de la frayeur & du plaiſir. L'on découvre auſſi de ce côté, la montagne de Sanvicino. Dans cette Ville naquit François Philelphus, comme nous l'avons déja remarqué; mais ce qui la rend encor plus célèbre, c'eſt le Corps de S. Nicolas, ſurnommé Tolentin, de l'ordre de St. Auguſtin, lequel eſt dépoſé dans une noble & riche

(32)

rich and noble Church belonging to his order. He was canonized in the year 1646. on the 8th of June, by Pope Eugenius IV, and it is said that never was a canonization performed with greater solemnity, the Pope walking in procession with the utmost pomp and magnificence from the Monastery of St. Augustine, to the Basilica in the Vatican. Lello Petronio in his manuscript memoirs preserved in the Vatican, thus describes the procession. " The streets " were covered in honour of St. Ni- " colas, with cloth of Gold, velvet " and tapestry, and all beautified from " St. Augustine's to the holy Church. " It was supposed that the money " which the Augustine Friars expen- " ded upon that occasion amounted " to more than five thousand Ducats."

da Tolentino sua patria, che riposa in una ricca, e nobile chiesa del suo ordine. Fù questi ascritto nel catalogo de i Santi da Eugenio IV. Pontefice nell' anno MDCXLVI. agl' VIII. di Giugno: e questa dicono fosse la canonizzazione che fosse mai stata fatta con più grande solennità; andando il Papa in gran magnificenza ed apparato a celebrare la funzione processionalmente da Sant Agostino alla Basilica Vaticana. Lello Petronio ne i suoi Diarij manoscritti in antica lingua Romanesca, che si conservano nella Biblioteca Vaticana, così me descrive l' apparato : " Per lo amore " di detto San Nicola furono coperte, ed " adornate le strade di drappi d'oro, e " di velluto, e di lama ; e mondate tutte " le strade dia S. Agostino sino a Santo " Cielso, e stimato fu, che la spesa che " faro li Frati di Sant Agostino valesse

Eglise, qui appartient à son Ordre. Il fut canonisé le 8 de Juin en 1646. par le Pape Eugenius IV. L'on rapporte que jamais Canonization ne fut faite avec plus de solemnité : le Pape marchant en procession avec la plus grande pompe, depuis le Monastère de St. Augustin, jusqu'à la Basilique dans le Vatican. Lello Petronio dans ses manuscripts qui sont conservés avec soin dans la Bibliotheque du Vatican, en fait ainsi la description : " Les ruës etoient couvertes à l'hon- " neur de Saint Nicolas, de draps " d'or, de velours, & de tapisseries " de haute lice, & toutes étoient or- " nées depuis le Couvent de S. Au- " gustin, jusqu'à la Sainte Eglise. " L'on prétend que la dépense que les " Augustins firent dans cette occasion, " fut au dessus de cinq mille Ducats."

(33)

Besides what this contemporary Author has said, Eugenius IV. has preferred the memory of this solemnity by a medal, which I have mentioned in my treatise on the medals of the Popes.

,, *oltre cinque milia èrcuati.*" *Oltre ciò che dice questo Autore sincrono, conservò la memoria di questa funzione Eugenio IV. in una medaglia da me referita nella mia opera delle medaglie de i Papi.*

Outre ce qu'en a dit cet Auteur contemporin, Eugenius IV. a conservé la mémoire de cette solemnisation, par une médaille dont j'ai fait mention dans mon traité des medailles des Papes.

(35)

A VIEW OF THE CASTLE OF SERRAVALLE.
Nº. VIII.

Beyond Fuligno the *Via Flaminia* begins to rise amongst high and steep hills, until we come to a place called *Palo*, where are paper-mills, and a noble palace of the Marquis Elifei of Fuligno, from one of whose apartments there is a passage to a grotto, formed by nature in the middle of an adjoining mountain, abounding with various productions of *Stalactidi*, or anatic concretions, of admirable struc-

VEDUTA DEL CASTELLO DI SERRAVALLE.
Nº. VIII.

Passato Fuligno comincia la Via Flaminia a salire per alti, e dirupati colli sino al luogo detto Palo, ove sono delle cartiere, e un nobile palazzo del Marchese Elifei di Fuligno, da uno de i di cui appartamenti si entra in una grotta formata dalla natura nelle viscere del monte, che gli sta appresso, dove si vedono varie produzioni di Stalactidi, ò concrezioni marmoree d'ammirabile naturale la-

VUË DU CHATEAU DE SERRAVALLE.
Nº. VIII.

Au de-là de Fuligno, le *Via Flaminia* commence à s'élever entre des collines hautes & escarpées, jusqu'à une place nommée *Palo*, où il y a un moulin à papier & est situé le beau château du Marquis Elisei de Fuligno, à travers un des appartemens duquel, il y a un passage qui conduit à une grotte formée par la nature, dans le milieu d'une montagne voisine, qui produit une grande quantité de *Stalactidi*, ou

E 2

(36)

tute. The first castle we see on those mountains on the other side of Fuligno is called *Capo d' acqua*, so denominated from a fountain of very clear water, the source of a river which runs into the Topino. A little higher stands the castle of *Colfiorito* near a lake of the same name, whence issues a rivulet that runs likewise into the *Topino* near Fuligno. This lake is wholly surrounded with high mountains, among which stands the famous castle of Santa Anatolia, in the territory of Camerino.

From *Colfiorito* you go to the castle of Serravalle, which is entirely in ruins, as it is expressed in the present view, taken from the lower part of the *Via Flaminia*. This castle is called Serra-

vora. Il primo Castello che tra questi monuti s' incontra sopra Fuligno si chiama Capo d' Acqua, così denominato da una fontana, che qui nasce di chiarissima acqua, dalla quale sorge un fiume, che dopo poco scendendo entra nel Topino. Poco più in alto solendosi si trova il Castello di Colfiorito, che è vicino a un piccolo lago detto ancor esso di Colfiorito, da cui esce un ruscelletto, che ancor egli sbocca nel Topino appresso Fuligno; sono intorno a questo lago da ogni banda monti altissimi, tra i quali giace Sant' Anatolia, rinomato Castello, soggetto al territorio della Città di Camerino.

Da Colfiorito si passa al castello di Serravalle, affatto diruto, che è espresso nella presente veduta, presa dalla parte più bassa della via Flaminia. E questo castello, detto di Serravalle, perchè

marbre de différentes couleurs, d'une admirable structure. Le prémier château que l'on apperçoit sur ces montagnes, de l'autre coté de Fuligno, s'appelle *Capo d' acqua*, lequel prend son nom d'une fontaine d'où sort une eau très-claire, qui est la source d'une Rivière qui se jette ensuite dans le *Topino*. Un peu plus haut est situé le château de *Colfiorito*, auprès d'un lac du même nom, d'où sort un ruisseau qui se jette aussi dans le *Topino*, auprès de Fuligno. Ce lac est tout environné de hautes montagnes, entre lesquelles est situé le fameux château de *Santa Anatolia* dans le territoire de Camerino.

De *Colfiorito* vous allez au château de *Serravalle*, lequel est tout en ruines, comme il est répresenté dans la présente vue, prise depuis la plus basse partie du *via Flaminia* ; ce château

valle, because here are the narrow vallies of the Apennine, thro' which must necessarily pass those who go to Rome, either from Camerino or from Loreto. It is said that one part of the rain from the roof of this castle runs into the province of *Umbria*, and the other part into that of the *Marca d' Ancona*. Before you arrive at *Serravalle* is a place called *Pioraco*, where is made the best paper in the Papal dominions, and especially the *cedules* or bank-notes, which pass as current money throughout the Pope's dominions.

quivi sono le strettissime foci dell' Appennino, per le quali sò necessariamente passare di passare a quelli che o da Camerino, o da Loreto vogliono andare verso Roma. Dicesi che i tetti delle case del castello di Serravalle da una parte scolino le loro acque piovane nell' Umbria, *e dall' altro nella provincia della Marca d'* Ancona, *essendo questo il termine divisorio di queste due provincie. Prima di arrivare a Serravalle si trova il luogo, detto* Pioraco *ove si fabbrica la miglior carta dello stato del Papa, e le credule bancali, che hanno corso di moneta per tutto lo stato Pontificio, si fabricano in questo luogo.*

se nomme *Serravalle*, parce que c'est ici la vallée la plus étroite de l'Apennin, par où il faut nécessairement que passent ceux qui vont depuis Camerino, ou depuis Loreto à Rome. L'on rapporte qu'une partie des pluyes qui descendent du toit de ce château, s'étend dans la province d'*Umbrie*, & l'autre partie dans celle de *Marca d'Ancona*. Avant d'arriver à *Serravalle*, il y a un endroit appellé *Pioraco*, où il se fabrique le meilleur papier qu'il y ait dans le territoire du Pape, sur-tout les *cedules*, ou lettre de change, qui passent pour argent courant dans tous les Etats du Pape.

Valle di Spoleti n.° 8

(39)

A
VIEW
of the Valley
OF
SPOLETTO,
and the Mountain
DI SOMMA.

N°. IX.

VEDUTA
della Valle
DI
SPOLETO,
e della Montagna
DI SOMMA.

N°. IX.

VUË
de la Vallée
DE
SPOLETO,
Et de la Montagne
DI SOMMA.

N°. IX.

BEyond Spoletto the high mountains of *Norcia* appears, and the river *Topino* runs to the foot of the Hill on which that city is built. Here lies an extensive champain, divided by vales and rivulets, in such a manner that this plain which is called by the general name of the *Spoletan valley*, is reckoned one of the most

SI *vedono da questa parte passato Spoleto le alte montagne di Norcia, e si passa il fiume Topino, che va à scorrere alle radici del colle sopra del quale giace la Città di Spoleto. Qui si vede una pianura molto vasta, e ripartita da vallette, e fiumicelli di tal maniera, che tutto questo piano, che con generico vocabolo Valle Spoletana si appella, e una delle più*

AU de-là de Spoleto, l'on apperçoit les hautes montagnes de *Norcia*, & la riviere *Topino* qui passe au pié de la Colline sur laquelle la ville de Spoleto est bâtie. L'on voit ici une vaste Plaine, nommée généralement la *Vallée Spoletane*, entrecoupée d'une telle maniere, de prairies & de ruisseaux, qu'elle est regardée comme une des plus fertiles

(40)

fertile and delightful spots of Italy, extending to the Appenines, and the Norcia, as we have already observed. Propertius who was of this country, Virgil, and other Poets, celebrate in the highest strain, the fertility and beauty of this plain.

Propertius says:

Where beautiful Clitumnus rows thro' woods
And bath her whiter oxen in its flitting waves.

Et Virgil:

Hence the wild herds, and chiefest of family last
Are oft Clitumnus bath'd in thy blessed
And led triumphant to the Sacred Fane.

Beyond Spoleto, on the right lies Bevagna, called Mevania and by Lucan the Taurifera, or Bull producing from the beauty of its herds. On the left

fruttifere, e dilettevoli pianure dell' Italia, estendendosi fin sopra agl' Apennini, e alle montagne di Norcia da noi sopra mentovate. Propertio, che era di questo paese, Virgilio, ed altri Poeti esaltano alle stelle la bellezza, e fecondità di questa pianura.

Properzio:

Ove bagna le selve il bel Clitumno;
E con le onde i bianchi buoi lava

E Virgilio:

Quinci e' Clitunno il bianco gregge, e il toro
Vittima grande nel vo sium' lavata
Corrie al Tempio nel Roman Trionfo.

Passato Spoleto si vede à destra Bevagna, detta Mevania, e da Lucano con l'epiteto di Taurifera chiamata per la bellezza degl' animali bovini. A sinistra

& agréables plaines d'Italie, elle s'étend depuis les Appenines jusqu'à la montagne Norcia mentionnée ci-dessus. Propertius qui étoit de ce pays-là, Virgile, & d'autres Poëtes, exaltent au plus haut degré, la fertilité & la beauté de cette plaine.

Propertius dit :

Qua formosa suos Clitumnus flumina lavit
Rorigas, & niveos abluit unda bovem.

Et Virgil :

Hinc albi, Clitumne, greges, & maxima taurus
Vittima, sæpe tuo perfusi flumine sacro,
Romanos ad templa Deum duxere triumphos.

Au de-là de Spoleto, l'on voit sur la droite, Bevogna dit Mevania & nommé par Lucan Taurifera par rapport à la belle production de cet animal. Et

(41)

lies *Trevi*, anciently called *Trebia*, and *Trebula*, the hills of which were the

Ancient Oliver-bearing Marisce,

as Virgil sings, and his commentator Servius explains it.

On the Flaminian way, which leads from Fuligno to Spoleto, we meet with the river *Clitumnus*, at present called the *Vene*, where may be seen a beautiful Temple of the God of the river, not far from the Post house which I have already particularly described. This valley is adorned with several beautiful Castles, the most considerable of which are, besides *Bevagna* and *Trevi* already mentioned, *Monte Falco*, and *Bagnarea*.

Trevi, detta anticamente *Trebia*, Trebula, ne i di cui colli erano

L'antiche ed Olivifere Marisce,

come cantò Virgilio, e spiegò il suo commentatore Servio.

Nella strada Flaminia, che conduce da Fuligno à Spoleto s'incontra il fiume Clitunno, detto in oggi le Vene, ove si vede il grazioso Tempio del Dio di questo fiume, poco lontano dalla posta, che io già con particolare dissertazioni illustrai. E ripiena questa valle d'amenni castelli tra i quali sono i luoghi più considerabili oltre Bevagna, e Trevi di sopra rammentati, Monte Falco, e Bagnarea.

à gauche, *Trevi* anciennement *Trebia*, & *Trebula*, Collines sur lesquelles étoit

Veteres Oliviferaeque Marisce.

ainsi que chante Virgile, & l'explique son Commentateur Servius.

Sur le chemin Flaminien qui conduit de Fuligno à Spoletto, l'on rencontre le Fleuve *Clitumnus*, à présent nommé *Vene*, où l'on voit, à peu de distance de la Poste, dont nous avons donné une particuliére description, le beau Temple du Dieu de ce Fleuve. Cette Plaine est embellie de plusieurs beaux Châteaux, dont les plus considérables font, outre *Bevagna* & *Trevi*, déja mentionnés, *Monte Falco* & *Bagnarea*.

F

Montagna di Somma N. 9

(43)

VIEW
of the Mountain
DI SOMMA,
towards Terni.

N°. X.

S Poleto a See of the Dukedom of Umbria, of the Lombard Nation, gives a title to the Dukes of Spoleto. The ancient Romans made it a Colony, three years after that of Brundusium, as Cicero assures us in his Oration of Balbus; but according to Paterculus and Livi, it became such in the Consulate of C. Claudius Cento, and M. Sempronius Tuditanus. This City made a brave resistance against Annibal, when after the victory gained at the

VEDUTA
della Montagna
DI SOMMA,
verso Terni.

N°. X.

S Poleto Sede del Ducato dell' Umbria della nazione Longobarda, diede il nome à medesimi di Duchi di Spoleto. Negl' antichi tempi Romani fù Colonia Latina, come ci assicura Cicerone nell' Orazione pro Balbo, tre anni dopo Brindisi, secondo il sentimento di Patercolo, e Livio, nel Consolato di C. Claudio Centhone, e M. Sempronio Tuditano. Fecè questa Città forte resistenza ad Annibale, che dopo la battaglia vinta al lago

VUË
de la Montagne
DI SOMMA,
auprès de Terni.

N°. X.

S Poleto est situé dans le Duché d'Umbria en Lombardie, & donne son nom au Duc de Spoleto. Les anciens Romains en firent une Colonnie trois années après celle de Brundusium, ainsi que l'assure Ciceron dans son Oraison pour Balbus ; mais selon Paterculus & Livius, cela n'arrivat que sous le Consulat de C. Claudius Centhone, & M. Sempronius Tuditanus. Cette Ville resista bravement à Annibal, qui après la victoire remportée près du

F 2

lake Thrasimene, he steer'd victoriously towards Rome, being obliged to take the country of the Picentini in his way. Theodoric King of the Goths built in this City a strong Pretorian Castle, which in succeeding times being destroyed by the Goths, was again restored by Narses. There are to be seen at this day the vestiges of an ancient Amphitheatre, a temple of Concord, and the Aqueducts which conveyed the waters from the neighbouring Apennines; they are partly sunk and partly raised with brick work, and arched, and carry with a gentle descent their waters over a very deep valley. Here also is to be seen the Cathedral, a Fortress built upon the ruins of the Amphitheatre, and a stone bridge built with great art and supported by XXV. pillars, uniting the high parts of the city, and

Trasimeno venutoessere vittorioso verso Roma onde convenngli andare nel paese de i Picenti. Teoderico Rè de Goti fabbricò in questa Città un forte Castro Pretorio, che distrutto in seguito da medesimi Goti, fù ristorato da Narsete. Si vedono ancora in oggi le vestigie d'un antico Anfiteatro, del Tempio della Concordia, e degli Aquedotti, che conducevano l'acqua da i vicini Colli Apennini, parte incavati, e parte di opera Laterizia, e arcuata, che con i suoi altissimi archi portavano l'acqua con dolce declivio per una profondissima valle. E da osservarsi la Catedrale di questa Città, e la Fortezza costrutta sopra le rovine dell' Anfiteatro; e il Ponte di pietra costrutto con grande artificio, e sostenuto da XXV. piloni, che unisce l'alto della Città, e della for-

lac Trasimène, s'en fut triomphant du côté de Rome, étant obligé de passer par le pays des Picentini. Théodore Roi des Goths fit bâtir dans cette ville un fort château Prétorien, détruit dans la suite des tems par ces mêmes Goths, & rétablit après par Narses. L'on voit encore des vestiges d'un ancient Amphithéatre, d'un temple de la Concorde, & les Aqueducs qui conduisoient l'eau depuis les voisines Apennines, qui sont partie ruinés & partie soutenues par des ouvrages de briques fait en forme d'arches, portant l'eau par une douce pente au-dessus d'une profonde vallée. La Catédrale, & un Fort bâti sur les ruines de l'amphithéatre sont remarquables, de même aussi qu'un Pont de pierre bâtit avec beaucoup d'art, & supporté par XXV pilliers, qui fait la jection de la partie haute de la ville & de la forte-

(45)

Leaving the City of Spoleto at a few miles distance, we arrive at the mountain *di Somma*, from the top of which may be seen the delicious plains of Spoleto and Terni. From these plains the Appenines begin to rise, and also the lofty mountains from whence the present view is taken. At some distance also is seen the demolished castle of *Strettura*, of which nothing appears when near, except the foundation. This valley has received the name of *Strettura* from its narrow passage running between rugged and steep rocks. Thro' this valley, and by almost a circular passage of six Italian miles we come to the Flaminian way, which is every where cut thro' the rock to the very top of the fortress placed upon one hill, with the remaining part of the same placed upon another.

Lasciata la Città di Spoleto, d'appo poche miglia si comincia à salire la montagna di Somma, dalla di cui cima si veggono le deliziose pianure di Spoleto e di Terni. Da questa pianura si cominciano à salire gl' Appennini, e l' alta montagna donde è stata presa la nostra veduta Si vede in essa in qualche distanza il diruto Castello di Strettura non restandovi poco lontano che la sola postura. E questa valle detta di Stettura dal suo angusto passaggio, tutta fassi, posto tra altissime rupi. Per questa valli, e per il giro quasi di sei miglia italiane la via Flaminia si apre la Strada, anche in qualche parte per via di scarpelli, sin alla cima della mentresse situées sur une colline, avec l'autre partie de la ditte ville située sur une autre.

A quelques miles passé Spoleto, commence à s'élever la montagne di *Somma*, du haut de laquelle l'on découvre les plaines délicieuses de Spoleto, & de Terni. C'est de ces plaines que les Appenines commencent à s'élever, de même que la haute montagne d'où la présente vuë est tirée. A quelque distance de là, l'on voit le château démoli de *Strettura*, duquel on n'apperçoit de près que les fondemens. La vallée de *Strettura* tire son nom de son passage étroit entre des rochers hauts & escarpés. En traversant cette plaine par un détour circulaire de presque six miles d'Italie, l'on vient sur le chemin Flaminien, lequel est coupé à travers les rochers jusqu'au sommet de la monta-

mountains, and every where surrounded with very high precipices, but for security defended with wood work, since the late Queen of Spain went that way on her road to Naples. On the summit of the mountain is the Post house, and from thence several roads divide, leading to the different Provinces of Norcia.

tagna, da per tutto circondata da rupi altissime; che per sicurezza fin da quando passò la defonta Regina di Spagna, per andare a Napoli fu havirtata contravi, e legnami. Alta cima del monte vi è la Posta; e di là si diramano molte strade, che conducono nella vicina Provincia di Norcia.

gne, & environné de hauts précipices; mais à présent il y a des barrières des deux côtés, qui furent faites lorsque la Reine d'Espagne prit cette route pour aller à Naples. La Poste est sur le haut de la montagne, & là, l'on rencontre plusieurs routes qui conduisent dans differentes Provinces voisines de Norcia.

Cascata del Velino a Maramore n. 10

(47)

A
V I E W
of the Cafcade
O F
M A R M O R A,
above *Terni*.

Nº. XI.

T Erni is furrounded by a delicious valley four miles long. This landfkape is covered with innumerable olives, wines, and other fruit-bearing trees. Ptolomy, Strabo, and Pliny make mention of the fertility of this fpot.

Seven miles diftant from Terni, near the caftle of *Papinium*, the river *Velino* proceeding from the overflowing of

V E D U T A
della Cafcata
D E L L E
M A R M O R E,
fopra Terni.

Nº. XI.

C Ircenda la Città di Terni una deliziofa valle di quattro miglia di lunghezza. E quefta pianura ricoperta d'innumerabili olivi, can vigne, e altri fruttiferi alberi. Fanno menzione della fertilità di quefto territorio Tolomeo, Strabone, e Plinio.

Sette miglia lontano da Terni, vicino al Caftello di Papinnio, il fiume Velino, venendo dalle forgenti di

V U Ë
de la Cafcade
D E
M A R M O R E,
au deffus de *Terni*.

Nº. XI.

T Erni eft environné d'une délicieufe plaine de quatre milles de long, laquelle eft couverte d'un nombre infini d'Oliviers, de vignes, & d'arbres fruitiers. Ptolomée, Strabo & Pline font mention de la fertilité de ce terrain.

A fept milles de Terni, près du château Papinnio, la rivière *Velino* laquelle fe forme du débordement de

Rieti, and running into a narrow channel, falls with great noise into the river Nera, from an high rock, called the Marmora, and then loses its name. The river Nera runs near Terni, and waters its plains, whence formerly there often arose disputes between the people of Rieti and those of Terni. These of Rieti endeavouring, by deepening the bed of Velino, to turn it from their own territories, and to dry their marshes; in this they were opposed by the inhabitants of Terni, who were apprehensive that the Velino being encreased by continued rain, would bring such quantities of water into the Nera, as might overflow their estates and city. Pope Paul III. in the year 1546. with the assistance of the celebrated Sangallo the Architect, had intention of enlarging the bed of the Ve-

Rieti per un angusto canale da un' alta rupe, detta la Marmora, cadendo con sommo strepito nel fiume Nera, perde il suo nome. Il fiume Nera scorre vicino à Terni, e bagna le sue campagne; onde spesso ne gl' antichi tempi tra i Reatini, e Ternani nacquero litigj; sforzandosi i Reatini, profondando il letto del Velino di colarlo nel loro territorio, e di seccare le paludi; al che si opponevano i popoli di Terni, temendo che accresciuto il Velino dalle pioggie continuate, portasse seco tante acque nella Nera, che inondassero l' istessa Città, e le sue Campagne. Il Pontefice Paolo III. nel MDXLVI. con l' opera del celebre Architetto Sangallo pensò di scavare l' alveo del Velino; ma dolendosene i Ternani, di nuovo lo fece riempire.

Rieti, & continue sa course au travers d'un canal fort étroit, se jette avec violence du haut d'un rocher appellé Marmora, dans la rivière Nera, où elle perd son nom. La rivière Nera passe auprès de Terni & arrose ses campagnes, ce qui occasionnoit anciennement des disputes entre les habitans de Rieti, & ceux de Terni. Les premiers creusoient le lit du Velino pour le détourner de leur territoire & secher leurs marécages; les seconds s'y opposoient, de crainte que le Velino s'augmentant par des pluyes continuelles ne déchargeât trop abondamment ses eaux dans la Nera, & n'inondât leurs villes & leurs campagnes. Paul III. en 1546. avec l'aide du célèbre Architecte Sangallo, voulut élargir le lit du Velino, mais les Habitans de Terni témoignant du mécontentement, il le fit remettre dans son

lino, but the inhabitants of Terni being displeased, he caused it to be filled up again. There is to be seen a medal of this Pope with this motto on the Exergue *Unitæ mentes uniunt*, and a river falling into another for the device. This perhaps was struck when that was begun, the artist fancying that the dispute between the two cities had subsided. This attempt of Paul III. was renew'd by others; and Clement VIII. carried it thro' at an immense expence, for having cut thro' the midst of mountains which confined the water on every side, he drew the Velino into a new channel. And left by being increased with the rains it should bring too much water into the Nera, he ordered a bridge to be built across, which like a mole and a defence might stop the violence of the stream. The new channel made by

Si trovò di questo Papa una medaglia, col motto nell' Esergo: Unitæ mentes uniunt, con l'espressione di un fiume che cade in un altro; forsi coniata nel tempo che doveva cominciarsi l'operazione, credendosi già cessate le dispute delle due città. Per altro la faccenda dal Pontefice Paolo è da altri tentata, Clemente VIII. con grave dispendio la eseguì; psiche non potesse per mezzo i monti, che non potesse l'acqua da nessuna parte dar fuori, trasportò il velino per un altro alveo, e perche crescendo per la pioggie non portasse troppo acqua nella Nera, ordinò che si facesse un ponte tra le due ripe, il quale appunto come un aggere, e riparo ritenesse l'impeto dell' acque. Il nuovo alveo fatto da questo Papa era largo CXL. palmi, e profon-

premier état. L'on voit une médaille de ce Pape avec ces mots sur l'Exergue: *Unitæ mentes uniunt*, & la répréfentation d'une rivière qui tombe dans une autre; peut-être fut-elle frappée dans le commencement de l'ouvrage, suppofant que la dispute avoit cessée entre les deux villes. L'entreprise de Paul III. fut poursuivie par d'autres, & achevée par Clément VIII. avec des frais immenses; car ayant fait couper les montagnes par le milieu, & l'eau étant par là retenue des deux côtés, il attira ainsi le Velino dans un nouveau canal, & de crainte qu'il ne s'accrut trop par la quantité des pluyes, & ne se repandit trop abondamment dans la Nera, il fit bâtir un pont à travers, qui put comme un mole fer ir de feureté, en retenant l'impétuosité de l'eau. Le nouveau canal fait par ce Pape avoit 140 palmes

this Pope was 140 palms wide, and 25 deep, the Marquis John Baptist Castelline was the conductor. The memory of this operation was also recorded in this Pope's medals; upon the reverse of one of which are these words *Velino Emisso*, the device a torrent falling into another, with a bridge, namely that already described and which was built by the Cavalier Fontana. The Pope expended in this noble undertaking 70000. Crowns, and being desirous of seeing it in person, he gratified his curiosity upon returning from the conquest of the Dutchy of Ferrara.

de XXV. Il Marchese Gio Batista Castelline fù l'Architeto. Ancora questo Papa ne conservò la memoria nelle sue medaglie ponendo nel reverscio di una di esse *Velino Emisso*, e rappresente un torrente, che cade nel altro, e un ponte, che è quello del quale già parlai, architetato del Cavalier Fontana. LXX. mila scudi spese questo Papa in sì bell' opera, la quale volse anche personalmente vedere nel ritorno che fece dalla conquesta del Ducato di Ferrara.

de largeur, & 25. de profondeur, le Marquis Jean Baptiste Castelline en fut le conducteur. La memoire de ce grand ouvrage se conserve dans les medailles de ce Pape, au revers d'une desquelles sont ces mots : *Velino Emisso*, avec la représentation d'un torrent qui se jette dans un autre, & un pont duquel nous avons déja parlé, de l'architecture du Cavalier Fontana. Ce bel ouvrage couta 70000 écus au Pape qui desirant le voir en personne, satisfit sa curiosité en revenant de faire la conquête du Duché de Ferrare.

(51)

A
VIEW
of the Cascade
OF
VELINO,
from below.

Nº. XII.

THe River Nera taking its course near the Castle of *Arone*, where there is a stone bridge, encreases to a great size, till it falls with a violent noise into the river, otherwise the lake Velino, called at present the lake of *Piè di Luco*. When this terrifying cascade is seen from the valley below, there always appears in the air a rainbow, with a

VEDUTA
della Caduta
DEL
VELINO,
dalla parte di sotto.

Nº. XII.

PAssando il fiume Nera vicino al Castel d'Arone, dov'è un ponte di pietra, cresce egli in grand' abbondanza d'acque, per quella, che gli viene aggiunta con grande strepito, e caduta dal fiume *Velino*, o sia lago Velino, detto io oggi lago di Piè di Luco. Quando si osserva questa spaventevole caduta d'acqua nella sotto posta valle alzando gl' occhi, pare di vedere

VUË
de la Cascade
DU
VELINO,
par dessous.

Nº. XII.

LA rivière Nera, passant près du Château d'*Arone*, où il y a un pont de pierre, s'accroit considérablement, jusqu'à ce qu'elle tombe avec violence dans la rivière, ou autrement dans le lac Velino, nommé à présent le lac de *Piè di Luco*. Lorsqu'on regarde cette effrayante cascade du bas de la vallée, il paroit toujours dans l'air un Arc-en-ciel

G 2

(52)

thick mist formed by the dashing of the waters, divided into the minutest drops by their precipitate fall, and percussions among the rocks.

The river Velino issues from two sources. The first is at a great distance from the place in question, rising near *Civita Ducale*: the other begins near the Castle of *Antrodoco*, where these two fountains being united, traverse the country of Riety. At a little distance from that city the river Velino being encreased from other sources, forms the lake of *Piè di Luco*, called by Tacitus the lake *Velinus*. Before the waters of the adjacent sources enter the Velino, they first form a marsh, and from thence flow into the lake where being collected in great abundance, it was necessary to give them

sempre nell' arial' Inde, o sia arco baleno, ed aria minuta, è folta nebbia per il rialzamento che fa l' acqua nell' aria divisa in minutissime stille nel precipitarsi che fa, per cuo tendene i sotto passi scogli.

Nasce il fiume Velino da due fontane. La prima è molto distante da questo luogo, sorgendo vicino à Civita Ducale: l' altra nasce presso il Castello d' Antrodoco, ove uniti questi fonti passano per il territorio di Rieti. Poco lontano da questa Città il fiume Velino accresciuto da altre sorgenti d' acque dà principio al Lago di Piè di Luco, detto da Tacito Lago Velino. Prima di entrare le acque delle vicine sorgenti nel lago Velino formano una palude, e poi da questa palude scende, donno principio à detto lago ; quindi crescendo le acque nel detto lago in molta abondanza, su necessario dargli esito, acciò non sempre-

avec un brouillard épais formé par le rejaillissement de l'eau qui se divise en petites particules par sa descente précipitée entre les rochers.

La riviére Velino provient de deux fontaines. La premiére est fort éloignée du lieu en question, prenant sa source auprès de *Civita Ducale*: l'autre commence auprès du Château d' *Antrodoco*, où ces deux fontaines s'unissent & traversent le pays de Rieti. A peu de distance de cette ville la riviére Velino s'augmentant par d'autres sources, forme le lac de *Piè di Luco*, nommé par Tacitus le lac *Velinus*. Les eaux des sources voisines forment un marécage avant d'entrer dans le Velino, & de là se jettent dans le lac, où se trouvant recueillies en trop grande abondance, il fut necessaire de leur donner un

vent to prevent their deluging the circumjacent country, the Romans therefore cut their passage thro' the rock, thro' which the waters issued with such violence. The lake has taken the modern name of *Piè di Luco*, from a little Castle so called, situated on its banks to the left. The situation of this lake is upon a high mountain on every side surrounded by hills, its waters are clear, but so much impregnated with a petrifying quality, that it is constantly requisite to keep the passage open by cutting the rock by which the waters fall into the subjacent valley. It is also stored with excellent fish; and round it are many little towns from whence boats pass from one side to the other. Leander Alberti is of opinion that the lines of Virgil,

Est locus Italiæ medio sub montibus altis, &c.

giffero luoghi circonvicini: onde i Romani fecero aprire, e tagliare il sasso, per la cui bocca scendono tanto precipitosamente le acque. Si ... lago profondamente di Piè ... ne' tempi Castello di ... ... finistra riva del medesimo lago, è posto il lago sopra un alto monte, attorno da ogni banda contornato colli: l'acqua del medesimo è chiara, quantunque obbia in se un sugo lapideo di tal natura, che bisogna col ferro in certi luoghi tenerne aperto il camino, per il quale si scarica nella soggetta valle: Tenera per altro ottimi pesci. Intorno al lago sono molti Castelli, ove si può andare da una riva all' altra per barca. Leandro Alberti crede, che i versi di Virgilio:

Est locus Italiæ medio sub montibus altis, &c.

cours, pour garantir le pays circonvoisin d'une inondation. Pour cet effet les Romains firent un passage au travers de ce rocher d'où les eaux descendent avec tant de rapidité. Ce Lac s'appelle aujourd'huy *Piè di Luco* du nom d'un petit Château situé sur la gauche de son rivage. Ce lac est situé sur une haute montagne, environné de collines par tous les côtés : l'eau de ce lac est claire, mais d'une nature si pétrifiée, qu'il est nécessaire de tenir constamment le passage ouvert en coupant le rocher par où les eaux descendent dans la vallée. Ce lac est aussi fourni d'excellens poissons, & est entouré de beaucoup de Châteaux d'où l'on traverse avec une barque, d'un côté à l'autre. Leandre Alberti croit que ces vers de Virgile,

Est locus Italiæ medio sub montibus altis, &c.

refer to this lake, and to the cascade of *Marmore* as it is commonly called. But I can't avoid thinking that they describe another place situated among the Sabini, as I have already shewn in a particular dissertation, which I published last year.

si possono referire a questa lago, e alla caduta detta volgarmente la Marmore; ma io credo che possino referirsi ad altro luogo posto tra i Sabini, come già dimostraj in una particolare dissertazione, che publicaj negt' anni passati.

se rapportent à ce lac & à la cascade appellée communément *Marmore*; mais je suis plutôt d'opinion qu'ils referent à une autre place située entre les Sabini. Comme je l'ai déja démontré dans une dissertation particulière que j'ai publié l'année derniere.

Lago di Velino casset pie di Luco N.º 12

(55)

A
VIEW
OF
TERNI,
from the Lake
VELINO.

Nº. XIII.

THe view from that part where the river Velino precipitates into the Nera, is most pleasing, the city of Terni and its fertile plains from thence discovering themselves to our sight. This city was anciently called the *Interamnii* from its situation between rivers and water courses. It took the name of *Interamna Nahartes*, principally to distinguish it from the *Interamna* of Puglia which was

VEDUTA
DI
TERNI,
dal lago
VELINO.

Nº. XIII.

VAghissima e la veduta da questo punto diviso, ove il fiume Velino si precipita nella Nera, vedendosi la Città di Terni con la sua fertile campagna. Fu questa Città detta dagl' antichi Interamnii, per essere situata tra fiumi, e sorgenti di acqua: Anzi per distinguerla dall' Interamna di Puglia fu detta Interamna Nahartes, dove quella fù chiamata

VUË
DE
TERNI,
depuis le Lac
VELINO.

Nº. XIII.

LA Vuë, depuis cet endroit où la rivière Velino se précipite dans la Nera, est fort agréable, L'on découvre de là, la ville de Terni, & ses fertiles campagnes. Cette Ville se nommoit anciennement *Interamnii*, à cause de sa situation entre des rivières & des sources d'eaux. Elle fut nommée *Interamna Nahartes*, pour la distinguer de *Interamna* de Puglia laquelle fut appellée

(56)

called *Interamna Lirina*. Terni was a municipal town of Rome, but it is uncertain when it acquired that right. Pighius has discovered from an ancient marble inscription, which he observed in the wall of the Cathedral Church, that Terni was founded DCCIV years before the Consulship of Gnaeus Domitius Ahenobarbus, and M. Camillus Scribonianus, who enjoy'd their office in the year DCXXIV. at which time the *Interamnates* offered publick Sacrifices to Salus, Libertas, and the municipal Genius of the place, in order to flatter the Emperour Tiberius, for having rid himself of his favourite Sejanus. From this inscription, Pighius in his annals conjectures, that Terni was built LXXX years before Rome. Others are of opinion, that in the time of King Numa, after the conquest of the Um-

Interamna Lirina. Divenuto Terni municipio de i Romani; ma è incerto quando acquistasse questo diritto. Ricava il Pighio da un antica marmorea iscrizione, ch' egli osservò nel muro della Cattedrale, essere stato Terni fondato DCCIV. anni avanti il Consolato di Gn. Domizio Aenobarbo, e M. Camillo Scriboniano, che furano Consoli di Roma l'anno DCXXIV. nel quale gl' Interamnati fecero publici Sagrificij alla Salute, alla Libertà, e al Genio del Municipio in adulazione di Tiberio Imperatore per essersi disfatto del suo favorito Seiano. Da questa iscrizione ne ricava il suddetto Pighio ne suoi Annali, che Terni fu fabbricato LXXX. anni prima di Roma. Si vuole da alcuni che al tempo del Rè Numa doppo vinti

Interamna Lirina. Terni étoit une ville municipale des Romains: mais il est incertain dans quel tems elle acquit ce droit. Pighius a découvert par une inscription en marbre qu'il trouva dans le mur de l'Eglise Cathédrale, que Terni fut fondé DCCIV. années avant le Consulat de Gn. Domitius Aenobarbus, & M. Camillus Scribonianus, qui étoient Consuls Romains en l'année DCXXIV. auquel tems les *Interamnates* offroient des Sacrifices au Salut, à la Liberté, & au Génie municipal de cette place, dans le dessein de plaire à l'Empereur Tiberius qui s'étoit défait de son favori Sejanus. Pighius dans ses Annales, conjecture de cette inscription que Terni fut bâti LXXX. années avant Rome. D'autres sont d'opinion que du tems du Roi Numa, après la conquête de la Um-

bria, a Colony was brought from Spoleto thither, and that then this municipal town began to have a name. Alberti, Roberto Titio, and others, misled by this anecdote, fancied that Terni was then made a Roman Colony, not aware that there was another Colony at present called Monte Caffino, situated on the river Liris, which Livy, and Casfilinus, call the Learned Roman Colony, when M. Valerius, and Publius Decius Mura were Consuls in the year of Rome CCCCXL. In another place Livy more expressly declares that L. Posthumius and M. Atilius being Consuls, in the war of the Samnites, they seiz'd upon the Colony of Interamna, whence it was call'd *Interamna Lirina*, to distinguish it from the municipal town in question, which was called *Interamna Nabartes*, and is a city of Umbria.

g l' Umbri, vi fosse condotta una Colonia da Spoletto, e che allora cominciasse ad avere il nome di Municipio. Prendono per tanto equivoco l' Alberti, Roberto Titio, ed altri che credono Terni essere stata Colonia de Romani, non sapendo esserene stato un altra al fiume Liri, la quale Livio dice essere stata de detta Colonia da Romani essendo con Caffino, in oggi Monte Caffino nel Consolato di M. Valerio, e P. Decio Mure l'anno di Roma CCCCXL. Anzi in altro luogo dice più chiaramente che L. Postumio, e M. Atilio Consuli nella guerra Sannitica si sforzarono d'occupare la Colonia d' Interamna, che viene nelle antiche iscrizioni detto Colonia Interamna Lirina, à differenza del nostro Municipio detto Interamna Nabarte Città dell' Umbria.

bria, l'on y conduisit un Colonie, de Spoleto, & que dès lors cette ville commença à prendre le nom de municipale. Cette anecdote a causé la méprise de L. Alberti, Roberto Titio, & d'autres, qui ont cru que Terni devint alors une Colonie Romaine, n'ayant pas prévu qu'il y en avoit une autre, sur la rivière Liris, nommée à présent Monte Caffino ; & par Livius & Cassilinus, la Savante Colonie Romaine, du tems du Consulat de M. Valerius & Publius Decius Mura, l'an de Rome CCCCXL. Livius s'explique plus clairement quand il dit que L. Postumius, & M. Atilius étant Consuls dans la guerre des Samnites, voulurent s'emparer de la Colonie Interamna, d'où elle fut nommée *Interamna Lirina*, pour la distinguer de la ville municipale nommée *Interamna Nabartes*, qui est une ville de la Umbrie.

H

Terni is at present a rich, mercantile, and populous city; the country about it, is still, as formerly, very fertile, particularly in olives; and is well supplied with water. It is situated towards the South, at the foot of the Appennines. Vitruvius calls the plains and the hills *Interamnates*, perhaps instead of *Interamnates*, and Pliny also makes mention of their fertility.

E presentemente Terni Città ricca, mercantile, e ben' popolata; e come negl' antichi tempi, così oggigiorno molto fertile, particolarmente d' olivi, ed abbondante di bonissime acque. E situata alle radici degl' Apennini verso mezzo giorno, i di cui colli, e campi Vitruvio gli chiama Infernates, forse in vece d' Interamnates; e Plinio parimente fa menzione della fertilità di queste campagne, e colline.

Terni est présentement une ville riche, commerçante, & bien peuplée, la campagne dans ses environs, est comme anciennement fort fertile, particulièrement en olives, & est pourvu abondamment de fort bonne eau. Il est situé aux piés des Apennines du côté du midi. Vetruvius appelle ces plaines & ces collines *Infernates*, au lieu peut-être d'*Interamnates*; Pline fait aussi mention de la fertilité de ces campagnes.

vd. Del Ponte D'Augusto N.º 13

(59)

A VIEW OF NARNI, from the Bridge of Augustus.

N°. XIV.

The very ancient city of Narni has acquired its name from the river *Nera*, called the *Nar*; from hence and for no other reason, the circumjacent people acquired the name of *Nahartes*, as the Nar surrounded and watered their territories. This clearly shews that the name of this river *Nar*, and its derivative *Nartes* were but contractions of the ancient name, which must have been *Nahar*, as well as the People

VEDUTA DI NARNI, dal Ponte d'Augusto.

N°. XIV.

L'Antichissima Città di Narni hà acquistato il suo nome dal fiume Nera, detto Nar; quindi i popoli circonvicini non per altro acquistarono il sopra nome di Nahartes, se non dalla Nera, o Nar, che o gl' era vicina, o circondavano, e bagnava i loro territorj. Ciò fà vedere chiaramente che questo fiume per contrazione fù detto Nar, siccome il suo derivativo Nattes; ma che l'antico intiero suo nome era Nahar, onde nasservà il cognome

VUË DE NARNI, depuis le Pont Auguste.

N°. XIV.

L'Ancienne Ville de Narni, a acquis son nom de la rivière *Nera*, nommée *Nar*, & la seule raison pour laquelle les Peuples circonvoisins acquirent le nom de *Nahartes*, est, que la Nera entouroit & arrosoit leur territoire. Cela prouve clairement que cette rivière se nommoit *Nar* par abbréviation, ainsi que son dérivatif *Nartes*, mais que son véritable nom étoit *Nahar*, & que les habitens de ces endroits se nommoient

H 2

Nahartes. They who have any knowledge in the Hebrew, know that נהר NAHAR signified in general a river; and consequently that the Nera was called by the Tuscans, by the general name of *Nahar*, that is the river, as we often find the Euphrates put down for any river in the Sacred Writings. And it seems to me that one of the four Nations which in one of the Eugubine Tables is called NAHARCER, expressed in latin characters; and in another Table called NAHARCUM, in Etruscan characters, must refer to the NAHARTES of Umbria.

Some Geographers are full of opinion that Narni was called also *Neguinum*, and that according to Livi the inhabitants when conquered by the Romans were named *Neguinates*, perhaps from the badness, and inconvenience of their

Nahartes. Chi hà qualche cognizione della lingua Ebraica sà, che נהר *NAHAR significa in generale il fiume; ed in conseguenza la Nera era da i Toscani chiamato con nome generico Nahar, ciò è fiume; non altrimenti che l' Eucciò è fiume; nome generico viene frate con lo stesso nome generico viene sovente appellato nelle Sagre Scritture. Ed io sono di parere, che uno de quattro popoli, che in una delle Tavole Eugubine in lettere Latine dicesi NA-HARCER; ed in altra in lettere Etrusche dicesi NAHARCUM, debbono à i NAHARTES dell' Umbria riferirsi.*

Vogliamo alcuni detto Neguinum, e i suoi fosse ancora detto Neguinum, e i suoi popoli quando furono superati da i Romani Neguinates come vuole Livio, forse così detti dalla pessima, ed arrida loro situazione, mossimi dalla

Nahartes. Ceux qui ont quelque connoissance de la langue Hébraïque, sçavent que נהר NAHAR signifie en général une riviére; & par conséquent la Nera étoit nommée par les Toscans *Nahar*, c'est-à dire riviére; comme nous trouvons souvent l'Euphrate mentionné pour aucune riviére dans les Ecritures Sacrées. Il me paroit qu'une des quatres Nations qui est nommée dans une des Tables Eugubines en caractère Latin NAHARCER, & dans une autre en caractère Etrusque NAHARCUM, serapporte aux NAHARTES de la Umbrie.

Quelques Géographes veulent que Narni fut aussi nommé *Neguinum*, & que selon Livi, lorsque ses habitans furent affujettis aux Romains, ils furent nommés *Neguinates*, peut-être à cause de leur mauvaise & incommode situa-

(61)

situation, particularly on the side next the river, where not far distant from the ancient, is the modern bridge across the Nera, called from the *Madonna* of *Narni*, and expected in the present view. On one side are discovered the beautiful, pleasant and fruitful plains of Terni, on the other, agreable hills adorned with wines, and for the most part abounding with wines, olives, and excellent figs. In the city is to be seen an Aqueduct, which comes from a distance of fifteen miles, and which supplies the inhabitants. Pliny, Stephanus Byzantinus, and other ancient writers make mention of this city, but Martial in the following lines particularly takes notice of its situation.

Narni furrounded by fulphureous ftreams
Where travellers with larger pafs along.

parte del fiume, ove il ponte moderno, poco lontano dall' antico, detto della Madonna di Narni, che fi vede nella prefente veduta è fabbricato fopra la Nera. Dagl' altri lati fi fcopre da alcuni la veduta della bella, amena, e fruttifera pianura di Terni; da altri è circondata di vaghi colli ove fono fituati molti piccoli Castelli, e fono in molte parti ripieni di viti, olivi, e fichi di ottima qualità. Nella città vi è in acquedotto, che viene XV. miglia lontano, e che ferve à publico ufo. Di quefta Città facero menzione Plinio, Stefano Bizzantino, e altri antichi Scrittori. Il fuo fito l' efpreffe il Poeta Marziale conquefti verfi :

Circondan Narni acque folforee, e bianche
E vi s' afcende per difficoltà.

tion, particulierement du côté de la riviére où est le nouveau pont, dit de la *Madonna di Narni*, situé à peu de distance de l'ancien, sur la Nera ; ainsi qu'il est démontré dans la préfente planche. D'un côté l'on découvre la belle, plaisante, & fertile plaine de Terni; de l'autre, des Collines agréables ornées de plusieurs petits villages, & pour la p'ûpart abondantes en vignes, olives, & figues excellentes. L'on voit dans la ville les Aqueducs, qui viennent de quinze miles de diftance, & fervent aux befoins du Public. Pline, Stephanus Byzantinus, & d'autres anciens Ecrivains, font mention de cette ville ; mais Martial en fait une particuliére defcription dans les vers fuivans :

Narnia fulphureo quam gurgite candidus amnis,
Circuit ancipiti vix adeunda jugo.

(63)

A VIEW
of the Bridge of
AUGUSTUS
on the River Nera.

Nº. XV.

AScending from the city Narni, and proceeding on the Flaminian way we meet the famous Bridge of Augustus, supported by a rocky mountain called the *cut mountain* it being hewn through by the Romans, in order to make a passage over the dangerous rocks of the Nera, and the mountain to the left. It is amazing to see a mountain thus hewen thro' by a passage XXX feet high, and XV broad. Ta

VEDUTA
di Ponte
D'AUGUSTO
sopra il fiume Nera.

Nº. XV.

USscendo dalla Città di Narni, e seguitando la via Flaminia s'incontra il famoso ponte fatto da Augusto, appoggiato al sasso monte detto tagliato, essendo stato col ferro aperto da i Romani per poter passare tra le precipitose rupi del fiume Nera, e l'alto monte della sinistra. E cosa sorprendente il considerare il monte tagliato nella sua altezza da XXX. piedi, e XV. nella sua larghezza.

VUË
du Pont
AUGUSTUS
sur la Rivière Nera.

Nº. XV.

EN montant depuis Narni, & continuant sur le chemin Flaminien, l'on rencontre le fameux pont Augustus, supporté par une montagne, ditte la *montagne coupée*, ayant été taillée par les Romains afin de faire un passage au dessus des dangereux rochers de la Nera, & de la montagne à gauche. Il est surprenant de voir une montagne ainsi taillée à travers, par un passage de XXX piés de hauteur, & XV. de largeur. L'on

the right is a frightful precipice, at the bottom of which the waters of the Nera pass among the rocks with a very loud noise. Here are seen the admirable and stupendous pillars, and part of the arches of the bridge, which with their ruins are expressed in the present View, and which united these two high and craggy mountains. It is said that this was built by Augustus with the money arising from the spoils of the Sicambri, and Procopius who is of this opinion, assures us that he had never seen arches higher than those. The remains of this bridge which are still to be seen, are composed of great square stones which support its high arches, and discover a structure worthy the flourishing times of the Roman Empire. I am of opinion that

Vedesi alla destra un spaventevole precipizio, al cui fine passano con grande strepito per quelle sassose rupi le acque del fiume Nera. Qui adunque si esservano gl' ammirabili, e stupendi piloni, e parte delle volte del ponte, espressi in questa veduta, con le sue rovine, che congiungevano questi due altissimi, e dirupati monti. Si vuole che Augusto lo fabbricasse con i denari delle spoglie de i Sicambri. E Procopio che ne fà Autore Augusto ci assicura, che non avera già mai veduto archi di pietra più alti di questi gl' avanzi che di questo ponte ancora si vedono sono composti di gran pietre quadrate, che sostengono le alte volte, e dimostrano una fabbrica costrutta nel florido tempo del Romano imperio. Io credo che

voit à la droite, un affreux précipice, au fond duquel l'eau de la rivière Nera passe entre les rochers avec beaucoup de rapidité. L'on voit ici les admirables & prodigieux pilliers avec une partie des arches du pont & de ses ruines, (démontré dans la présente vuë,) lequel unissoit ces deux hautes & escarpées montagnes. L'on prétend qu'Augustus fit bâtir ceci, de l'argent des dépouilles des Sicambri ; & Procopius qui est de ce sentiment, assure qu'il n'a jamais vû d'arches plus hautes que celles ci. Ce qui reste encore à présent à voir de ce pont, ce sont les grosses pierres quarrées, lesquelles supportent les hautes arches, & découvrent un ouvrage admirable & d'une architecture digne du tems florissant de l'Empire des Romains. Je crois que c'est de

(65)

Martial had this bridge in his eye, when he says:

But spare me Romans, nor undoeate Narnia,
So may you ever have the conveniency of a bridge.

The stones of the bridge, and its arches are join'd together by cramps of iron fixed in by lead, and without mortar. Its lenght is CC. feet, its height CL. One arch only is seen at this day remaining, and even that much decayed by time. The people of the country believe that under the same much treasure has been found. The little bridge with its tower which at present crosses the Nera, is the work of latter times, and is called the bridge of the Nera, or of the Madonna di Narni.

Marziale non abbia parlato di altro ponte che di questo, ove dice:

Perdonami Romani, nè dispreziate
Narni, ed' suo ponte eternamente godi.

Le pietre del ponte sono commettate insieme con spranghe di ferro impiombate senza calce, come pure le grosse volte. La sua lunghezza è di CC. piedi, la sua altezza è di CL. Un solo arco si vede ancora intiero oggi giorno, benchè molto dal tempo devastato; e la gente del paese crede che sotto il medesimo si siano trovati molti tesori. Il piccolo ponte con torre, che passa presentemente sopra la Nera è opera de' bassi tempi, e chiamosi in oggi il ponte della Nera, o il ponte della Madonna di Narni.

c'est de ce pont que Martial vouloit parler, quand il dit:

Sed jam parce mihi, nec abnuere Narnia juvabit
Perpetuo liceat sic tibi Ponte frui.

Les pierres des arches de ce pont, sont jointes ensembles par des crampons de fer fixés avec du plom, & sans mortier. Il a CC. piés de longueur, & CL. de hauteur. Il ne reste à présent de ce pont qu'une seule arche entière, & même beaucoup déchue par le tems, & les gens du pays croient qu'on a trouvé sous cette arche un grand trésor. Le petit pont qui traverse à présent la Nera, avec sa tour, est un ouvrage des derniers tems, & se nomme le pont de la Nera, ou de la Madonna di Narni.

Castello Foronica N.º 15.

(67)

A
VIEW
of the Castle
OF
FORMICA,
between *Otricoli* and the *Borghetto*.

N°. XVI.

Proceeding along the great road between Otricoli, and the Borghetto, not far from the latter is seen a ruin'd Castle to the right, upon a pleasant hill, to which the Peasants give the name of Castle *Formica*, together with a bridge at the foot of the hill, under which runs

VEDUTA
del Castello
DI
FORMICA,
tra Otricoli, e il Borghetto.

N°. XVI.

Passandosi per la strada maestra tra Otricoli, e il Borghetto poco lontano da quest' ultimo sopra un amena collinetta à mano dritta vedesi un diruto Castello, à cui i paesani danno il nome di Castel Formica; ed un ponte che è à piedi di detta Collina, sotto di

VUË
du Château
DE
FORMICA,
entre *Otricoli* & *Borghetto*.

N°. XVI.

Passant par la grande route entre Otricoli & Borghetto, l'on découvre sur la droite à peu de distance du dernier endroit, un Château ruiné, que les païsans nomment le Château *Formica*, situé sur une plaisante colline au pié de laquelle il y a un pont sous lequel passe

I 2

a very small stream. This was repair'd in the times of Pope Clement XII. and still preserves the name of *Ponte Formica*. This place being not far distant from Otricoli, a town well known to the ancients, it may not be disagreeable to the reader, to give here some short account of it.

The Castle of Otricoli is called by Strabo *Ocriculum*, as also by Antoninus and Ptolemy, but by Tacitus it was named *Otriculum*, and the Inhabitants are called by Pliny in the VI. region, *Otriculani*, and the city was also called *ab Ocrea*, and *Inter Ocrea*. Near the Tyber, are seen many vestiges of this ancient municipal town, and among the rest, a square altar placed by the

cui passa pochissima acqua, restaurato negl' ultimi anni del Pontificato di *Clemente XII.* conserva ancor egli il nome di Ponte Formica. Essendo questi luoghi non molto lontani da Otricoli, luogo ben noto appresso gl' antichi, non sarà discaro al lettore che io ne dia a qui qualche succinta notizia.

Il Castello d'Otricoli è da Strabone detto Ocriculum, così da Antonino, e da Tolomeo; ma da Tacito fù detto Otriculum; e da Plinio nella VI. Regione sono nominati gl'Otriculani. Fù detto ancora ab Ocrea & inter Ocrea. Si vedono vicino al Tevere molte vestigie di questo antico Municipio, e tra le altre un ara quadrata posta nella publica strada con due iscrizioni;

un petit ruisseau. Il fut réparé dans les derniéres années du Ponsificat de Clément XII. & conserve encore le nom de *Ponte Formica*. Cette Place n'étant pas fort éloignée d'Otricoli, ville fort connue par les anciens, il ne sera pas désagréable au Lecteur d'en trouver ici quelques petites remarques.

Le Château d'Otricoli est nommé par Strabo *Ocriculum*, comme aussi par Antoninus & Ptolomée; mais Tacitus le nommoit *Otriculum*, & ses habitans étoient appellés par Pline dans la VI. Région, *Otriculani*, & la ville étoit aussi nommée *ab Ocrea*, & *inter Ocrea*. L'on voit auprès du Tybre plusieurs vestiges de cette ancienne place municipale, & entre autre un Autel quarré placé près du

(69)

publick road, with two inscriptions, in which this municipal town is mentioned together with its baths.

nelle quali è nominato questo Municipio, e le sue Terme.

chemin public, avec deux inscriptions qui font mention de cette ville municipale & de ses bains.

L. IVL. L. F. PAL.
IVLIANO
IIIIVIR. AED.
IIIIVIR. I. D.
IIIIVIR QVINQ.
QVINQ. IL DESIG.
PATRONO. MVNICIPI.
PLEBS. OB. MERITA
L. D. D. D.

IVLIÆ LVCILLÆ
L. IVLI. IVLIANI FIL.
PATRONI MVNICIPI
C. IVS. PATER
THERMAS OCRICVLANAS.
SOLO EXTRVCTAS
SVA PECVNIA. DONAVI
DEC. AVG. PLEBS
L. D. D. D.

Here are to be seen the remains of an Amphitheatre, aqueducts, Baths, and other ancient ruins. Ammianus Marcellinus relates that buildings of

Qui si vedono avanzi di un Anfiteatro, d' Aquedotti, di Terme, e di altre antiche rovine. Sino a questo luogo racconta Ammiano Marcellino essere

L'on voit ici des restes d'un Amphithéatre, Aqueducs, bains, & autres anciens débris. Ammianus Marcellinus raconte que l'on continua de bâtir des

Temples, Arches and Sepulchres were continued from this place even to Rome, and that the Emperor Constantine, the first time he went to Rome, being arrived at this place, thought he was already in the City.

Beyond Otricoli we arrive at the Tyber, where are to be seen some Pillars of immense size upon which was erected one of the four bridges built by Augustus. We cross the river on the *Ponte Felice*, thus called from the proper name of Pope Sixtus V, who began to build it under the inspection of Domenico Fontana. It was finished by Pope Clement VIII. with the assistance of John Fontana brother to the former; but with some variations from that of Augustus, and a different situation. Before the times of Sixtus the ancient bridge being ruined,

state così continuò le fabbriche fino a Roma di Tempj, Archi, Sepolcri, che l' Imperator Costanzo la prima volta che venne in Roma, siunte a questo luogo, credè già ei essere nella Città.

Passato Otricoli si giunge al Tevere, ove si osservano alquanti piloni di smisurata grossezza, sopra di quali erano fabbricato uno di qui quattro ponti eretti da Augusto. Anessi si passa per ponte Felice, così detto dal nome proprio di Papa Sisto V, il quale cominciò à fabbricarlo con l'architettura di Domenico Fontana, e lo terminò Clemente VIII. con l'assistenza di Giovanni Fontana, fratello del sopra detto, tenché con alcune variazioni, ed in diverso sito da quello fabbricato da Augusto. Avanti Sisto V. per essere l'antico ponte di-

Temples, Arches, & Sépulchres depuis cette place, jusqu'à Rome, & que la première fois que l'Empereur Constantin allai à Rome, & qu'il fut arrivé dans cet endroit, il crut déja être dans la ville.

Passé Otricoli l'on vient au Tybre, où l'on voit des pilliers d'une énorme grosseur, sur l. quels étoit situé l'un des quatre ponts bâtis par Augustus. L'on traverse la riviére sur le pont *Felice*, qui porte le propre nom du Pape Sixte V. qui l'avoit commencé sous l'inspection de Dominique Fontana. Il fut achevé par le Pape Clément VIII. avec l'assistance de Jean Fontana, frere du prémier ; cependant avec quelque changement, & une situation differente de celui d'Augustus. L'ancien pont étant ruiné avant le tems de Sixte V. l'on traversoit en

(71)

the people passed in boats, as Leandro Alberti informs us. And in fact, the preservation of that bridge was no easy matter, from the winding of the river, and the continual impulse of the waters.

ruto poſſavaſi in barca, come ci dice Leandro Alberti: ed in verità ſi rende difficiliſſima la conſervazione di detto ponte per la tortuoſità del fiume, e i continui inſulti delle acque.

bateau, à ce que dit Leandro Alberti. Et de fait, la conservation de ce pont n'étoit pas une chose fort facile, par rapport aux détours de la rivière, & au mouvement continuel de l'eau.

Borghetto.

(73)

A
VIEW
OF THE
BORGHETTO.
Nº. XVII.

THis beautiful view is taken from a publick fountain, which lies at the foot of a craggy hill called the *Borghetto*. Upon coming from Rome you enter a ruined town, where the post is kept, by a demolish'd gate of antique structure. This town is near the Tyber, and is called in the language of the country the *Borghetto di San Leonardo*, a beautiful tract of ground belonging to the Hospital of the Holy Ghost at Rome. In the year 1527. this town

VEDUTA
DEL
BORGHETTO.
Nº. XVII.

LA presente amena veduta è presa da una publica fonte, che è alle radici dell' aspra salita detta del Borghetto. Si entra in questo diruto Castello, ove è la posta, venendo da Roma per una diruta porta di antica sostruzzione. E questo Castello presso al Tevere, detto nel suo proprio vocabolo il Borghetto di San Leonardo, che è una bella contrada soggetta all' Ospedale di Santo Spirito in sassia di Roma. Questo Castello nell' anno 1527. per la mag-

K

VUË
DE
BORGHETTO.
Nº. XVII.

CEtte charmante vuë est prise d'une fontaine publique placée au pié d'une Colline escarpée nommée *Borghetto*. En venant de Rome, l'on entre par une porte démolie, d'une construction antique, dans une Ville ruinée. Cette Ville se nomme dans le langage du Pays, la *Borghetto di San Leonardo*, c'est une belle campagne dependante de l'Hôpital du Saint-Esprit à Rome. La plus grande partie de cette ville fut reduite en cendre, en 1527. par les

(74)

was for the most part burnt down by the Venetian Soldiers who came to the assistance of Clement VII. who was besieged in the Castle of St. Angelo.

From this place to Narni, are still to be seen many remains of the Flaminian way, which is avoided as much as possible by the carriers, from the many holes which are met with in it. The street of this name formerly began at the Capitol, and reached to the gate of the Slaves, under Aurelian the Emperor, it extended from the Flaminian gate, to the bridge called *Ponte Molle*. From this bridge the road on the left was called the *Via Cassia*, which led to Tuscany; the Flaminian way still kept along the side of the river, which at present hath in some places altered its former channel. This road was called the Flaminian, from C. Fla-

gior parte fù abbrugiata da i Soldati Veneziani, che venivano in soccorso di Clemente VII. Papa, che era assediato nel Castel Sant' Angelo.

Da questa parte, ciò è da Narni sino à questi luogo si vedono grandi avanzi della Via Flaminia ; la quale per altro si sfugge al possibile da i vetturini per le molte buche, che vi s'incontrano. Cominciava questa strada anticamente fino fatto il Campidoglio, verso la piazza detto di Sciarra ; indi sotto Aureliano Imperatore dalla porta Flaminia vicino al Tevere, che proseguiva fino a ponte Molle. Da questo ponte la strada à mano manca era la via Cassia, che conduceva in Toscana ; la via Flaminia proseguiva sempre costeggiando il fiume, adesso in qualche parte trà variato il suo antico corso. Sorti la via Flaminia un tal nome da C. Fla-

Troupes Venetiennes qui étoient envoyées pour secourir Clément VII. qui étoit affligé dans le Château St. Ange.

Depuis cette place jusqu'à Narni, l'on voit encore plusieurs restes de la route Flaminienne, de laquelle les Voituriers tâchent de s'écarter autant qu'il est possible, par rapport aux mauvais pas qui s'y rencontrent. Cette route commençoit anciennement au Capitole & s'étendoit jusqu'à la porte des Esclaves ; sous l'Empereur Aurelien elle s'étendoit depuis la porte Flaminienne jusqu'au Pont *Molle*. De ce pont, la route sur la gauche, qui conduit dans la Toscane, se nommoit la *Via Cassia*. Le chemin Flaminien continue encore au long de la rivière, laquelle a présent a changée en quelques endroits son ancient cours. Cette route fut nommée

minius the Conful, who in the year of Rome DXXIII. paved it with large ſtones as far as Rimini. L. Emilius his Colleague continued it from that place to Bologna, and from thence the road and the Province were called Emilia. The ſame Emilius made two other public ways, one from Rimini to Placentia, the other as far as Aquileia. We are told by Carolus Sigonius that M. Emilius Lepidus in his Cenſorſhip after the Gallic wars, cauſed the laſt mentioned way to be made, which he executed with immenſe labour and expence, ſparing neither the trouble of building bridges, nor hewing through mountains, as may be ſeen this day at the paſſage of *Furlo*, the Streights of *Serravalle*, and the mountain of *Somma*.

minio Conſole, per aver' egli l'anno DXXIII. fatto laſtricare queſta ſtrada di groſſi ſaſſi fino à Rimini. Da queſta Città fino à Bologna la continuò L. Emilio ſuo collega, ed indi la ſtrada, e la Provincia furono dette Emilia. Queſto Emilio fece altre due ſtrade, una da Rimini, ſino à Piacenza ; l'altra fino ad Aquileia. Abbiamo in Carlo Sigonio, che nella Cenſura di M. Emilio Lepido dopo la guerra Gallica egli faceſſe la detta ſtrada l'anno di Roma DXXXIII. per la di cui ſoſtruzzione con immenſa fatiga, e ſpeſa non ſi riſparmiò e fabbrica di ponti, e taglio di montagne, come ancora in oggi veder ſi puole al paſſaggio del Furlo, *allo ſtretto di Serravalle, e alla montagna di* Somma.

Flaminienne, du Conſul C. Flaminius, qui la fit paver de larges pierres juſqu'à Rimini, l'an de Rome DXXIII. Son Collegue L. Emilius la continua juſqu'à Boulogne, & alors la route & la Province furent nommées Emilia. Le même Emilius fit faire deux autres routes publiques, l'une de Rimini à Plaicentia, l'autre juſqu'à Aquileia. Carolus Sigonius raconte que M. Emilius Lepidus étant Cenſor, après la guerre Gallic, fit faire le dernier chemin mentionné, l'an de Rome DXXXIII. & l'acheva avec beaucoup de peine & de dépenſe, étant obligé de bâtir des ponts, & de couper des montagnes ; comme on peut le voir encore aujourd'huy au paſſage de *Furlo*, au chemin étroit de *Serravalle*, & à la montagne di *Somma*.

(77)

A VIEW
of the City
CASTELLANA.

Nº. XVIII.

THe Rock on which the City of *Castellana* is built, forms an awful yet picturesque Prospect, particularly if it be seen from the Flaminian way at a place not far distant where is a little Church called the church of *Santa Maria Imperatrice*.

The origin of this City, which writers will have to be the ancient *Faleria*, is thus described by the Geographers and Ecclesiastical Historians of the IX and X centuries. The ancient Faletia was situated in the Flaminian way,

VEDUTA
di Civita
CASTELLANA.

Nº. XVIII.

ORrida, ma pittoresca è la veduta dello scoglio sopra del quale è fondata Civita Castellana; massimamente se si vede dalla via Flaminia in luogo non molto lontano, ov'è una piccola Chiesa detta Santa Maria Imperatrice.

L'origine di questa Città, che si vuole fosse l'antica Faleria, così viene descritto da i Geografi, e dagl' Istorici Ecclesiastici del IX. e X. secolo: E situata l'antica Faleria nella via Flaminia sopra di un erto

VUË
de la Cité de
CASTELLANA.

Nº. XVIII.

LE Rocher sur lequel la Ville de *Castellana* est bâtie, est affreux quoique pittoresque à la vuë, particulièrement si on le regarde du chemin Flaminien, à un endroit qui est peu éloigné d'une petite Eglise nommée *Santa Maria Imperatrice*.

L'origine de cette Ville, laquelle est prise pour être l'ancienne *Faleria*, est ainsi décrite par les Géographes, & les Historiens Ecclésiastiques du IX & X Siècles. L'ancienne Faleria étoit située dans le chemin Flaminien, sur

upon a mountain, where is at present the city of Castellana. The ancient city being destroyed, as Zonaras relates, the Falisci built a new city upon a plain a mile and an half distant from the former, the ruins of which are to be seen to this day, and which preserve the name of *Falaro* or *Falari*. But the inhabitants in process of time either from voluntary motives, or being forced by some enemies, returned to their former situation, and having restored their city, gave it the name of *Castellana*. From all this it appears that the city Castellana is the ancient Faleria.

There are many other opinions concerning the origin of the city Castellana, but we have here made use only of the most common, and this we have done en passant, without much insisting upon an opinion which whe-

monte, nell' istesso luogo ov'è presentemente Civita Castellana. Distrutta l'antica, come racconta Zonara, fabbricarono i Falisci una nuova Città nel piano un miglio, e mezzo lontano dall' antica, dove ancora in oggi si vedono le rovine, che conservano il nome di Falaro, o Falari. Ma e spontaneamente, o distrutta da qualche inimico, tornarono gl' abitatori alla primitiva loro sede, e restaurato il luogo gli diedero il nome di Civita Castellana. Da tutto ciò si ricava che Civita Castellana sia stata l'antica Faleria.

Molte altre opinioni ci sono sopra l'origine di Civita Castellana; ma noi ci siamo serviti della più comune; e ciò noi abbiamo fatto sol'amente; e ciò nei passaggio, senza molto insistere sopra un opinione, che per

une montagne, où est à présent la ville de Castellana. L'ancienne ville étant détruite, ainsi que raconte Zonaras, les Falisci en bâtirent une nouvelle dans une plaine à un mile & demi de l'ancienne, dont on voit encore aujourd'hui les ruines qui conservent le nom de *Falaro* ou *Falari*. Mais les Habitans dans la suite des tems, soit de leur propre volonté, ou y étant forcés par quelque ennemis, retournerent dans leur première situation, & ayant relevés leur ville, la nommerent *Castellana*. Il paroît de tout celà, que Castellana est l'ancienne Faleria.

Il y a plusieurs autres opinions, touchant l'origine de cette ville, mais nous nous servons ici de la plus commune, sans vouloir insister beaucoup pour découvrir si cette opinion est bien fondée ou non, étant certain qu'elle est plus

ther well founded or not, we are certain is more applauded than contradicted. There are many learned men who even at the present times have written upon the origin of this city, such as Holstenius, Fontanini, Cluverius, Hardouin, Maffa, Cellarius, Mazzocchi, Mammacchi, and others, taking it to be either *Veio*, *Fescennia*, or *Faleria*.

There is little observable in this City, except its Fortress built upon the declivity of the rock, as our view discovers. This Fortress was built by Michael Angelo Buonaroti, and is much esteem'd for its beauty and construction, although our modern fortifications are very different. There also may be seen the Cathedral, the town clock, and the Palace of the Counts Petronii, Knights of Rome. This City is four

bens fondata che sia, e più applaudita sappiamo che è contrastata. Molti sono gl' Eruditi che sino ad ora hanno scritto sopra l'origine di questa Città, come l'Ostenio, il Fontanini, il Cluverio, l' Arduino, il Maffa, il Cellario, il Mazzocchi, il Mammacchi, ed altri, volendo che quivi fosse o Veio, o Fescennia, o Faleria.

In questa piccola Città non vi è di osservabile che la Fortezza stabilita sopra la pendice di questo scoglio, come dimostra la nostra veduta. E questa fortezza architettata da Michel Angelo Buonaroti, ed è molto stimato per la sua bellezza, e struzzioni, quantunque in oggi le fortificazioni militari siano molto differenti. Vi è ancora d'osservabile la Cattedrale, l'Orologio publico, e il Palazzo de Conti Petronii

applaudie que contredite. Il y a plusieurs Savans, même à l'heure qu'il est, qui ont écrits touchant l'origine de cette Ville, tels que Holstenius, Fontanini, Cluverius, Hardouin, Maffa, Cellarius, Mazzocchi, Mammacchi, & plusieurs autres, qui l'ont pris pour être ou *Veio*, ou *Fescennia*, ou bien *Faleria*.

Il y a peu de chose remarquable dans cette Ville, excepté sa Forteresse, située sur la pente du rocher, comme le démontre la présente vue. Cette Forteresse fut bâtie par Michel Angelo Buonaroti, & est fort estimée pour sa beauté & sa construction, quoique les fortifications modernes soient toutes différentes. L'un peut voir aussi la Cathédrale, l'Horloge public, & le Palais des Comtes Petronii, Chevaliers

(80)

Posts distant from Rome, but its view with that of the circumjacent Castles, I reserve for the ensuing Volume.

Cavalieri Romani. E questa Città lontana da Roma quattro poste; le di cui vedute, e de circonvicini Castelli, riserbo di pubblicarle ne i susseguenti Volumi.

Romains. Cette Ville est à quatre Postes de Rome; nous nous proposons de donner la description de sa vuë & celle des châteaux circonvoisins, dans le Volume suivant.

Fine della Parte prima.

www.ingramcontent.com/pod-product-compliance
Lightning Source LLC
Chambersburg PA
CBHW020105170426
43199CB00009B/409